事例でわかる

人事労務担当者が知っておくべき

副業・兼業対応の実務

佐保田 藍・小鷹 寛美・森田 穣治・阿部 俊彦・
吉田 爵宏・今井 礼子・吉川 那央 【著】

第一法規

はじめに

　政府が推進している「働き方改革」や新型コロナウィルス流行による働き方の価値観の変化を経て、働き方の多様化が進むなか、「多様で柔軟な働き方」のひとつとして、副業・兼業（以下、「副業」）が注目され、副業は「原則禁止するもの」から「原則禁止すべきではないもの」へと変わりました。

　これまでは副業を禁止してきた企業が、どのように副業を認めるか、または、優秀な副業人材を採用するために、どのような副業制度を構築するかが検討されはじめています。しかし、「副業解禁」を宣言する企業は増えているものの、業務委託契約や個人事業主としての副業のみ認める等、様々なリスクを理由に、認める副業の範囲は限定的であるケースも多く、本格的に普及しているとは言い難い状況にあります。

　本書では、さまざまなフェーズで、副業における留意事項を確認し、解決して頂けるよう、第3章で「知っておくべきポイント」を解説し、第4章で「副業に関する問題とその対応方法」を事例で紹介します。これから副業を検討する企業は、制度を導入する前の検討事項確認のために、副業導入後の企業は、副業を活用するために制度の再構築を検討するために役立てて頂けるようにまとめています。

　副業の普及は、「働き方改革」の「個々の事情に応じた多様で柔軟な働き方を「自分」で選択できるようにする」という目的達成に欠かすことができません。企業においても、今後の人材確保や活用等、副業を禁止し続けることはできないでしょう。本書が、「副業解禁」の時代から「副業活用」への時代へ移行する一助となれば幸いに思います。

2021 年 12 月
株式会社わらじ ee
みらいコンサルティンググループ
特定社会保険労務士　佐保田 藍

目 次

第2章　副業を取り巻く環境

第3章　企業が知っておくべき、副業に関する法的ポイント

第4章　事例でわかる 副業に関する問題とその対応方法

参考資料 1～5 については、下記の URL からダウンロードしてご利用できます（**DL↓**）。それぞれのご事情に合った体制整備にお役立ていただければ幸いです（2024 年 12 月 31 日までダウンロード可能予定です）。

https://skn-cr.d1-law.com/

（注：「ハイフン」2 か所、真ん中「d 1」は「ディー（英小文字）」「数字の 1（いち）」です）

第1章

副業とは

1 副業の定義

　「副業」には、法律上明確な定義はなく、一般的に、自社で勤務する社員が他の会社で勤務したり、個人事業主として収入を得たりする等、「本業とは別の収入を得ること」とされている。

　副業に似た言葉として「兼業」という言葉もあるが、これも副業と同義である。

　また、近年では、「複業（パラレルワーク・ポートフォリオキャリア）」という表現も増えてきている。これも副業の1つの形態であり、かつ明確な定義があるわけではないが、「副業」が「主たる業務に対して、従たる業務」を意味しているのに対し、「複業」は「複数の業務が、すべて主たる業務」を意味している。

　また、「福業」という表現もある。こちらは働き方を指す言葉ではなく、副業を通じての自己実現や社会貢献が、自分や社会の幸福につながっていくという考え方を表している言葉である。

　このように、副業は、その在り方や考え方が大きな変化の中にある、今最も注目されている多様で柔軟な働き方の1つである。

図表1　副業と複業の違い

2　副業先における働き方

　副業先における働き方については、大きく「労働契約型」と「業務委託型」の2つに分類される。

（1）労働契約型

　労働契約型とは、文字通り、副業先においても労働契約（雇用契約）（以降、労働契約という。）を締結し、それに基づき労務提供を行うものである。つまり、自社の労働者であるのと同時に、副業先の労働者でもあることになる。それぞれの雇用先における労働者である以上、当然にそれぞれの企業において労働基準法をはじめとする労働関係諸法令の適用を受けることとなる。

　労働契約には、「正社員」だけでなく、代表的な例として「パートタイマー」「アルバイト」といった短時間労働者、「6か月間勤務」等で期間契約を行う「契約社員」などがある。

（2）業務委託型

　業務委託型とは、副業先においては業務委託契約（請負契約）を締結し、その契約に基づき業務提供を行うものである。業務委託契約である以上、副業先においては労働者ではないため、労働関係諸法令の適用を受けることはない。

　また、業務委託は、自ら経営者として事業を行うものであり、その働き方の程度に応じて、「個人事業主」「フリーランス」「ギグワーカー」などと呼ばれる。

<u>労働契約型と業務委託型の違い</u>

労働契約は、労働時間に対して報酬を支払うものであり、その労働時間は使用者の指揮命令下にあり、指示に従う義務を負う。

一方で、業務委託契約は、成果物等に対して報酬を支払うものであるため、その達成手段は自由であり、労働時間等の拘束を受けない。言葉よりも実態がどうかで、労働契約か業務委託かが判断される。

3 よくある副業の形態

　実際によくある副業の形態を紹介する。労働契約型と業務委託型それぞれにおいて、下記のパターンが多い。

（1）労働契約型

[パターン①]

副業先でパート・アルバイト勤務

（例）主たる会社は週休2日の週40時間勤務（フルタイム）。主たる会社で8時から17時まで勤務し、副業として週3日20時から22時までコンビニでアルバイト勤務。

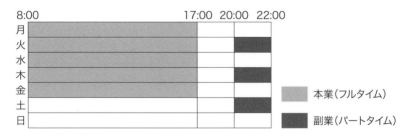

パターン②

副業先で週1日のフルタイム勤務

（例）主たる会社は週休3日勤務（週4日出勤）。平日のうち1日は、自分がやりたい仕事と感じているNPO法人にて勤務。

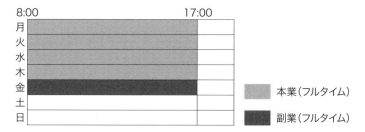

パターン③

複業（パラレルワーク）として、週3日契約で2社勤務

（例）2つの会社と週3日フルタイム勤務契約。本人としては週6日勤務している。1社目はコンサルタント会社、2社目は研修会社でそれぞれ勤務。

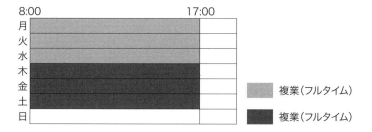

（2）業務委託型

パターン④

個人事業主として開業

（例）主たる会社ではフルタイム勤務。自ら不動産投資をしており、会社を設立。そのビジネスを平日夜と土日でできる範囲で実施。

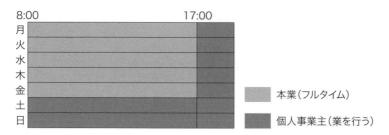

パターン⑤

フリーランスとして業務受託

（例）主たる会社ではフルタイム勤務。自分の特技でもあるデザインを副業として活かしたく、クラウドソーシングサイトを通して月に数件の業務を実施。

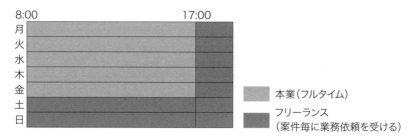

パターン⑥

ギグワーカーとして業務委託

（例）主たる会社ではフルタイム勤務。土・日曜は、健康維持のため、配達員としての業務を数件受託。

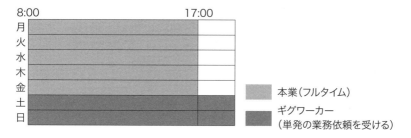

4　副業の目的・効果

　では、実際には、副業はどの程度浸透し、どのような目的・効果があるのだろうか。

（1）社員の成長と、社員の意識改革による組織活性化

　図表2によると、副業が本業へ与える影響のプラス効果として、スキル向上、視野・人脈の広がり、アイディアの創出等があげられる。

　他方、労働時間が長くなり、本業に専念できないなどの懸念もあるが、約6割がプラス効果の認識を持っていることがわかる。

　1つの会社で長く仕事に就くことは、良くも悪くも慣れが生じ、保守的になったり、視野が狭くなったりすることもある。

　自社にいながら、他社を経験することができる、副業という制度を導入することは、社員にとって、本業に役立つスキル・知識を得るだけではなく、社員自身の意識改革にもなり、ひいては、自社にとっても、組織活性化につながる効果を期待できると考えられる。

図表2　本業への影響に関する認識

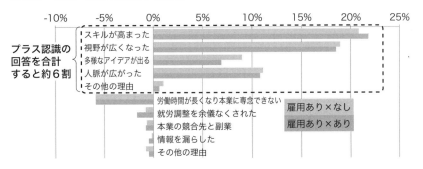

出典：厚生労働省　第1回柔軟な働き方に関する検討会「資料6　副業・兼業の現状と課題」を一部加工して作成

（2）人材の定着と退職抑制

　いわずもがな、日本経済は依然として厳しい状況が続いており、当然、社員への報酬も右肩上がりで支給できる時代ではなくなっている。

　会社は、社員の収入補填による生活の安定と、自社を辞めることなく、自己実現・チャレンジする機会を設けることを目的として、副業制度を容認するケースが多い。

　副業によって、社員の働きがい、生きがい、やりがいや満足度を向上させることで、会社にとっても、人材の定着・退職抑制を図る効果を期待している。

　また、図表3によると、「禁止するべきものではないので」（個人の自由なので）という会社側の回答が多いことも、注目するべき点である。

　つい最近まで、副業を一律に禁止することはできないことに、驚かれる人事担当者や、社員が多かった印象がある。これは、年功序列の給与体系や終身雇用制度が長く日本に浸透しているからだと考えている。

　副業・兼業の促進に関するガイドラインでも記載されているとおり、

そもそも労働者が労働時間以外の時間をどのように使うかは、基本的には労働者の自由であり、各企業においてそれを制限することが許されるのは、一定の事由がある場合に限られていると解されていることが、昨今認知されてきていることがうかがえる回答である。

図表3　副業容認理由

順位	容認理由（副業容認企業）	1～3位選択（%）
1位	従業員の収入補填のため	34.3
2位	禁止するべきものではないので	26.9
3位	個人の自由なので	26.2
4位	働き方改革の促進のため	21.8
5位	従業員のモチベーションの向上のため	20.3
6位	優秀な人材の定着（離職率の低下）のため	18.9
7位	従業員の視野拡大・自主性向上のため	18.4
8位	優秀な人材の確保（採用活動）のため	16.5
9位	従業員のスキル向上のため	16.1
10位	従業員の社外での人脈拡大のため	9.5
11位	従業員の生産性の向上のため	8.1
12位	イノベーションの拡大のため	6.7
13位	転職や再就職の支援のため	5.8
14位	社会貢献のため	5.5
15位	企業イメージの向上のため	5.2

出典：パーソル総合研究所「第二回 副業の実態・意識に関する定量調査（2021年）」を一部加工して作成

（3）プロ人材獲得の手段としての副業人材の受入れ

　会社はいまＤＸ（デジタルトランスフォーメーション）に代表されるように、様々な角度から深化・進化・新化させ、スピード感をもって対応しなければ、生き残れない時代を迎えている。

　コロナ禍において、それは大企業だけではなく、中堅中小企業にとっても、先送りできないものとなっている。

　この流れは、過去の経験からだけでは対処することが難しい問題や課題を多く発生させる要因となり、必然的に、既存の社員だけでなく、

多様かつ高スキルな人材を獲得する必要性を高める結果を生んでいると考える。

DXとは

企業がビジネス環境の激しい変化に対応し、データとデジタル技術を活用して、顧客や社会のニーズを基に、製品やサービス、ビジネスモデルを変革するとともに、業務そのものや、組織、プロセス、企業文化・風土を変革し、競争上の優位性を確立すること。

出典：経済産業省「デジタルトランスフォーメーションを推進するためのガイドライン（DX推進ガイドライン）Ver. 1.0」、2018年

　他方で、多様かつ高スキルな人材を獲得することは、採用競争率や人件費の高さなど、決して容易なことではない。副業は、人件費のコストを極力上げず、採用のハードルをできる限り低くできる効果があり、優秀なプロ人材の採用に多く活用されていることがわかる。

図表4　副業者を受入れる理由

副業受入れ企業・受入れ意向企業	副業者受入れ理由(%)
多様な人材確保が可能だから	26.4
高度なスキルをもった人材確保が可能だから	22.6
迅速に人材確保が可能だから	19.7
新たな知識・経営資源の獲得が可能だから	18.0
正社員で採用困難な稀少スキルを保有した人材確保が可能だから	15.4
コストメリットがあるから	15.2
正社員で採用するよりも、優秀な人材の確保が容易だから	14.8
周りの従業員に良い刺激になるから	13.7
社外の人脈拡大が可能だから	13.5
プロジェクトやタスク単位で必要な人材確保が可能だから	12.2
新規事業立ち上げ／推進のため	10.3
オープンイノベーションの促進のため	9.6
企業イメージの向上のため	8.8
居住地を問わず、人材確保が可能だから	7.4

出典：パーソル総合研究所「第二回 副業の実態・意識に関する定量調査（2021年）」を一部加工して作成

（4）副業への高まる関心

　副業を希望している雇用者数も、副業者数（雇用×雇用）も、増加傾向にある。また、近年は、大手企業や金融機関などが、続々と副業の解禁を発表するなど、さらに関心が高くなっていると考えられる。

　また、副業している者を本業の所得階層別にみると、本業の所得が99万円以下の所得層と1000万円以上の所得層で、副業している割合が高い。特に高所得層については、政府も力をいれている、地域企業が潜在的な力を開花させ、成長することにより、地域経済に新たな付加価値を創出するために新たなヒトの流れを生み出す「プロフェッショナル人材事業」などのように、副業の機会が増加してきているように感じられる。

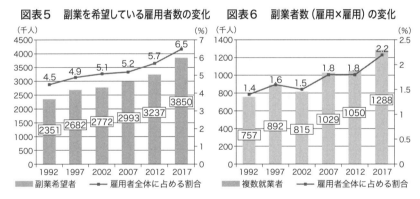

　　図表5　副業を希望している雇用者数の変化　　図表6　副業者数（雇用×雇用）の変化

出典：厚生労働省　第2回副業・兼業の場合の労働時間管理の在り方に関する検討会「資料5 副業・兼業の現状①（前回の資料のリバイス）」を一部加工して作成

図表7 本業の所得階層別でみた副業している者の数

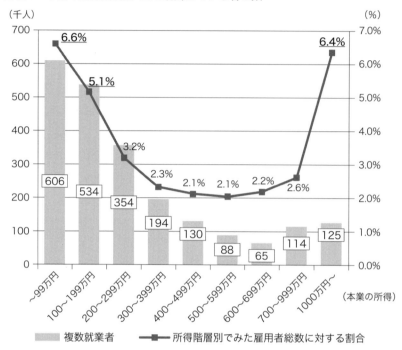

出典：厚生労働省 第2回副業・兼業の場合の労働時間管理の在り方に関する検討会「資料5 副業・兼業の現状①（前回の資料のリバイス）」を一部加工して作成

第2章

副業を取り巻く環境

1 働き方改革

　そもそも副業が注目され始めた背景には、日本が直面している「少子高齢化に伴う生産年齢（15～64歳）人口の減少」や、「育児や介護との両立など、働く人のニーズの多様化」等の課題に対応するべく、日本経済再生に向けた政府の働き方改革の推進がある。

日本の総人口の推移

2015年の日本の総人口は、同年の国勢調査によれば1億2,709万人、出生中位推計の結果に基づけば、2065年には8,808万人になるものと推計されている。

生産年齢人口

2015年の日本の生産年齢人口は、同年の国勢調査によれば7,728万人、出生中位推計の結果に基づけば、2065年には4,529万人になるものと推計されている。

出典：国立社会保障・人口問題研究所「日本の将来推計人口（平成29年推計）報告書」2017年

　政府は、このような深刻な労働力不足等を解消するべく、「働き方改革は、一億総活躍社会実現に向けた最大のチャレンジ。多様な働き方を可能とするとともに、中間層の厚みを増しつつ、格差の固定化を回避し、成長と分配の好循環を実現するため、働く人の立場・視点で取り組んでいきます。」とし、様々な取組みを実施している。

　企業も、この流れの中で、長時間労働を是正しつつ、生産性を向上させ、多様で柔軟な働き方を制度として導入する等により、働く人々がそれぞれの事情に応じた働き方を選択できる社会を実現するために、様々な環境を整えることが求められている。

【「働き方改革」の実現に向けた厚生労働省の取組み】（抜粋）
長時間労働の是正
　　従前から、「働き方の見直し」に向けた企業への働きかけや、長時間労働

が疑われる事業場に対する監督指導の徹底等
- 時間外労働の上限規制の導入
- 中小企業における月 60 時間超の時間外労働に対する割増賃金の見直し
- 一定日数の年次有給休暇の確実な取得

雇用形態にかかわらない公正な待遇の確保
　同一労働同一賃金の導入は、同一企業・団体におけるいわゆる正規雇用労働者(無期雇用フルタイム労働者)と非正規雇用労働者(有期雇用労働者、パートタイム労働者、派遣労働者)との間の不合理な待遇差の解消を目指すもの
- パートタイム・有期雇用労働法
- 労働者派遣法

柔軟な働き方がしやすい環境整備
- テレワーク
- 副業・兼業

ダイバーシティの推進
- 病気の治療と仕事の両立
- 女性が活躍できる環境整備
- 高齢者の就業支援
- 子育て・介護等と仕事の両立
- 障害者就労の推進
- 外国人材の受入れ
- 若者が活躍しやすい環境整備

賃金引き上げ、労働生産性向上
- 最低賃金制度

再就職支援、人材育成
　雇用吸収力の高い産業への転職・再就職支援
- 労働移動支援助成金（中途採用拡大コース）
- 労働移動支援助成金（早期雇入れ支援コース）
- ハローワークにおける人材不足分野に係る就職支援
- 「年齢にかかわりない転職・再就職者の受入れ促進のための指針」
- 人材育成

ハラスメント防止対策
- 職場のパワーハラスメント防止対策

など

出典：厚生労働省「働き方改革の実現に向けて」を一部加工して作成
(https://www.mhlw.go.jp/stf/seisakunitsuite/bunya/0000148322.html)

2 副業促進への動き

　副業は、この働き方改革の「柔軟な働き方がしやすい環境整備」の１つとして取り上げられている。

　副業促進への具体的な政府の取組みは、2018年に厚生労働省が改定したモデル就業規則において、

> 労働者の遵守事項の「許可なく他の会社等の業務に従事しないこと。」という規定を削除

> 「労働者は、勤務時間外において、他の会社等の業務に従事することができる。」と変更

したことを皮切りに、下記のとおり、環境が整えられていく。

　特に、「副業・兼業の促進に関するガイドライン」は、2018年1月に、企業が現行の法令のもとでどのような事項に留意すべきかについてまとめられ、さらに、2020年9月には、企業も働く人も安心して副業・兼業を行うことができるよう、ルールを明確化するために改定された。

図表1　副業促進の流れ

時期	出来事
2018.1	厚生労働省のモデル就業規則を原則、副業・兼業を認める内容に変更
2018.7	第1回「副業・兼業の場合の労働時間管理の在り方に関する検討会」開催
2020.9	「副業・兼業の促進に関するガイドライン」を改定
2020.9	労働者災害補償保険法を改正し、複数事業労働者の取扱いを変更
2020.9	「マルチジョブ健康管理ツール」アプリを公開
2021.7	厚生労働省より「副業・兼業の促進に関するガイドライン」Q&Aを公表
2022.10 施行予定	短時間労働者の社会保険の適用を拡大

3 在宅ワーク普及による働き方の変化

　コロナ禍におけるテレワーク（主に在宅ワーク）の普及は、特に働く人々である個人に、通勤時間の削減による時間的余裕、働くことや収入に対する価値観の変革を生み出した。様々な事情を抱えた多数の個人にとって、副業が、中長期的なワーク・ライフ・バランスを与えるための有用な手段として認識され、先に述べたように「福業」という新しい表現を生むきっかけともなり、副業が普及していく追い風になっていると考える。

4 副業のトレンド

　本業と副業別の就業形態においては、「雇用×雇用」では、パート・アルバイトのダブルワークが、「雇用×非雇用」では、正社員の個人請負等での副業の割合が高い。

（1）パート・アルバイトのダブルワーク

　パート・アルバイトのダブルワークは、労働契約型と労働契約型の組み合わせの副業の１つである。

　働き方改革の推進において、パート・アルバイトに関する環境整備が、今後も様々な角度から進められることは想像に難くない。

　労働集約型事業や多店舗展開事業等のパート・アルバイトを多く雇用している会社は、社内規程の運用や整備がなされているか、今一度確認しておくべきだと考える。

（2）正社員の副業

　「雇用×非雇用」で割合の高い正社員の個人請負等での副業は、労

図表2　本業と副業の就業形態①

本業と就業形態別の副業の就業形態では、「パート・アルバイト」、「自由業・フリーランス・個人請負」の割合が高い。また、本業と副業で同じ就業形態である者の割合も比較的高い。
「雇用×雇用」では「パート・アルバイト×パート・アルバイト」が、「雇用×非雇用」では「正社員×自由業・フリーランス（独立）・個人請負」が、「非雇用×雇用」では「自営業×パート・アルバイト」が、「非雇用×非雇用」では「自由業・フリーランス（独立）・個人請負×自由業・フリーランス（独立）・個人請負」が最も多かった。

| | | | 副業の就業形態（収入のもっとも多い副業） | | | | | | | | | | | |
			正社員	契約・嘱託社員	パート・アルバイト	派遣社員	請負会社の社員	期間工・季節工・日雇	会社などの役員	自営業主	家族従業員・家業の手伝い	自由業・フリーランス（独立）・個人請負	その他（有償ボランティアを含む）	合計
本業の就業形態	正社員	人	700	233	1,925	217	26	53	95	430	105	1,331	312	5,427
		%	12.9	4.3	35.5	4.0	0.5	1.0	1.8	7.9	1.9	24.5	5.7	100.0
	契約・嘱託社員	人	6	267	408	84	8	16	6	90	29	261	57	1,232
		%	0.5	21.7	33.1	6.8	0.6	1.3	0.5	7.3	2.4	21.2	4.6	100.0
	パートタイム・アルバイト	人	3	81	3,130	129	10	35	15	102	81	657	213	4,456
		%	0.1	1.8	70.2	2.9	0.2	0.8	0.3	2.3	1.8	14.7	4.8	100.0
	臨時・日雇社員	人	0	1	17	5	0	11	0	3	0	7	2	46
		%	0.0	2.2	37.0	10.9	0.0	23.9	0.0	6.5	0.0	15.2	4.3	100.0
	派遣社員	人	2	21	242	161	2	19	2	19	5	160	30	663
		%	0.3	3.2	36.5	24.3	0.3	2.9	0.3	2.9	0.8	24.1	4.5	100.0
	会社役員	人	27	20	61	3	3	3	116	87	3	84	27	434
		%	6.2	4.6	14.1	0.7	0.7	0.7	26.7	20.0	0.7	19.4	6.2	100.0
	自営業	人	23	68	429	48	1	11	21	518	27	244	52	1,442
		%	1.6	4.7	29.8	3.3	0.1	0.8	1.5	35.9	1.9	16.9	3.6	100.0
	自由業・フリーランス（独立）・個人請負	人	8	53	327	45	2	5	16	73	13	886	32	1,460
		%	0.5	3.6	22.4	3.1	0.1	0.3	1.1	5.0	0.9	60.7	2.2	100.0
	家族従業員・家業の手伝い	人	0	0	29	0	0	0	0	2	18	13	11	73
		%	0.0	0.0	39.7	0.0	0.0	0.0	0.0	2.7	24.7	17.8	15.1	100.0
	その他	人	4	5	31	8	0	2	5	4	4	32	57	152
		%	2.6	3.3	20.4	5.3	0.0	1.3	3.3	2.6	2.6	21.1	37.5	100.0
合　計		人	773	749	6,599	700	52	155	276	1,328	285	3,675	793	15,385
		%	5.0	4.9	42.9	4.5	0.3	1.0	1.8	8.6	1.9	23.9	5.2	100.0

※1　「正社員」、「契約・嘱託社員」、「パート・アルバイト」、「臨時・日雇社員」、「派遣社員」、「請負会社の社員」、「期間工・季節工・日雇」を「雇用」とし、「会社役員」、「会社などの役員」、「自営業」、「自営業主」、「自由業・フリーランス(独立)・個人請負」、「家族従業員・家業の手伝い」、「その他(有償ボランティアを含む)」を「非雇用」とした。
※2　▨▨▨は10%以上の部分
出典：厚生労働省　第132回　労働政策審議会安全衛生分科会「副業・兼業に係る実態把握の内容等について」を一部加工して作成

働契約型と業務委託型の組み合わせの１つである。

　また、「本業が正社員の場合」だけをみると、「パート・アルバイト」と「個人請負等」の割合が高い。

　前述したとおり、政府・会社・働く個人の状況を鑑みると、正社員の副業は、今後も増加していく傾向にあると考えられる。

　また、社員の副業の関心度の高まりを踏まえると、「副業したい」

という社員からの相談がいつ来てもおかしくない状況でもある。

　そのため、社員から求められて慌てて準備を始めるのではなく、十分な検討を早めに実施しておくことが重要と考える。

図表3　本業と副業の就業形態②

本業と副業の就業形態について、「雇用×雇用」の組み合わせが最も多く、副業・兼業をしている人の50.8%。また、「非雇用×雇用」の組み合わせが最も少なく、副業・兼業をしている人の7.9%。

| | | 副業の就業形態（収入のもっとも多い副業） | | |
		雇用	非雇用	合計
本業の就業形態	雇用	7,812 (50.8%) 「パート・アルバイト×パート・アルバイト」等	4,012 (26.1%) 「正社員×自由業・フリーランス（独立）・個人請負」等	11,824 (76.9%)
	非雇用	1,216 (7.9%) 「自営業×パート・アルバイト」等	2,345 (15.2%) 「自由業・フリーランス（独立）・個人請負×自由業・フリーランス（独立）・個人請負」等	3,561 (23.2%)
	合計	9,028 (58.7%)	6,357 (41.3%)	15,385 (100%)

※「正社員」、「契約・嘱託社員」、「パート・アルバイト」、「臨時・日雇社員」、「派遣社員」、「請負会社の社員」、「期間工・季節工・日雇」を「雇用」とし、「会社役員」、「会社などの役員」、「自営業」、「自営業主」、「自由業・フリーランス（独立）・個人請負」、「家族従業員・家業の手伝い」、「その他（有償ボランティアを含む）」を「非雇用」とした。
出典：厚生労働省　第132回 労働政策審議会安全衛生分科会「副業・兼業に係る実態把握の内容等について」を一部加工して作成

　なお、労働契約型と業務委託型では、一見すると、労務管理範囲が比較的緩やかな業務委託型のほうが、会社にとってメリットがあるようにみえる。

　しかし、「人材採用や人材戦略」の本質は、会社の持続的な成長や発展につながる「適材適所な人材活用・活躍」に他ならない。

　その人材配置が、労働契約型のように会社の指揮命令のもとで指示に従ってもらうほうが適しているのか、業務委託型のように成果物等に対して報酬を支払うものが適しているのか等、適切に判断すること

が必要だと考える。

　副業人材の獲得においては、労務管理の煩雑さだけに気を取られず、自社の成長発展となる人材戦略を実行することが、最も重要である。

第 **3** 章

企業が知っておくべき、
副業に関する
法的ポイント

企業の人事労務担当者として知っておくべき事項

　第2章のとおり、政府が掲げる働き方改革の一環として、副業が促進されたことから、「副業」という言葉がよく聞かれるようになってきた。

　「副業」という言葉からイメージされやすい「正社員の副業」は、これまでは「禁止」されていることが一般的で、2018年改正以前の厚生労働省によるモデル就業規則においても、「禁止」とする内容が定められていた。

　しかし、社員が労働時間外にどのように時間を使うかは基本的には社員の自由であるため、一律に禁止することはできず、会社は、原則、副業を認めるべきと考えられる。一方で、過去の裁判において、一定事由を根拠に行われる副業の制限や禁止は認められており、会社は、個々の副業の内容や状況に応じて、制限や禁止を行うことができる。

　そのため、副業制度の検討を行うにあたっては、会社は副業を原則認める立場を前提とし、副業が社員の健康を害する可能性の有無、自社の業務や事業への支障の有無とその度合い等、それぞれの副業内容を確認した上で、副業を制限または禁止ができる制度の構築が必要である。

　副業が多様化し、普及する中、**制限及び禁止の基準や申請ルールがない等の体制整備の遅れに起因するトラブルを回避できるよう備えることが必要**となる。

【マンナ運輸事件】（京都地判平成24.7.13）
　準社員として勤務する社員（原告）の副業（アルバイト）申請を数度不許可としたことに対する違法性が論点となった判例である。労働

者は勤務時間のみ使用者の制限を受けるため、「労働者は，勤務時間以外の時間については，事業場の外で自由に利用することができるのであり，使用者は，労働者が他の会社で就労（兼業）するために当該時間を利用することを，原則として許されなければならない。」と副業は原則認められるべき立場にたち、その上で「労働者が兼業することによって，労働者の使用者に対する労務の提供が不能または不完全になるような事態が生じたり，使用者の企業秘密が漏えいするなど経営秩序を乱す事態が生じることもあり得るから，このような場合においてのみ，例外的に就業規則をもって兼業を禁止することが許されるものと解するのが相当である。」と、会社がその判断を行うために労働者に事前に副業の申請をさせ、許否の判断をすることを就業規則で定めることも許されるとした。

　ただし、「兼業を許可するか否かは，上記の兼業を制限する趣旨に従って判断すべきものであって，使用者の恣意的な判断を許すものでないほか，兼業によっても使用者の経営秩序に影響がなく，労働者の使用者に対する労務提供に格別支障がないような場合には，当然兼業を許可すべき義務を負うものというべきである。」とも述べており、企業は副業を認めることを原則として、必要に応じて制限や禁止をする運用が求められるとする判例である。

参考：厚生労働省「副業・兼業の促進に関するガイドライン」

1 情報漏えい・利益相反・競業避止への対応

　会社が定める副業を禁止するための制度は、前述のとおり、事業運営や社員の健康に影響を及ぼすものに限定する必要がある。

　今後、これまで以上に副業が活発になると思われるため、自社の社員が他社で雇用されたり、業務委託等で関与することになったりした場合、自社の顧客情報や商品・サービスに関する機密情報漏えいの問題や、自社の業務との利益相反の問題が発生するリスクがある。逆もしかりで、労働契約、業務委託契約に関わらず、自社への副業人材の受入れにより、同様のリスクが想定される。

　会社においては、副業する社員に限らず、就業規則等の人事関連諸規程により、これらリスクを防止するためのルールは明示されていると思われるが、**副業を許可する際には、あらためて留意事項として周知徹底する**ことが重要であり、またこれら**リスクが想定される場合には副業を許可しない、または許可の取消しができるような運用がポイント**になる。

（1）情報漏えい

　社員から副業の許可申請があった場合には、あらかじめ定めた許可基準と照らして判断することになるが、情報漏えいを防止するための第一歩としては、以下の事項について、**申請者本人への詳細確認**がポイントとなる。

　▶副業先の事業内容
　▶副業先で当該社員が従事する業務内容

　副業許可にあたっては、本人への意識付けの効果も期待できるため、情報漏えいを防止する内容を含む**誓約書の取り交わしは必須**と考える。

【誓約書における秘密保持に関する文章例】
　貴社の業務上の秘密事項、個人情報及び特定個人情報（※）について、貴社在籍中は元より退職した場合であっても他に漏らしません。
　※特定個人情報とは、マイナンバー（個人番号）を含む個人情報

　また、副業人材を受け入れる際、特に労働契約による場合には、**自社の就業規則や労働契約における秘密保持に関する考え方と制限事項について、十分に理解してもらう**必要がある。加えて、自社の情報セキュリティ関連規程についても周知が必要となる。

　独立行政法人情報処理推進機構（https://www.ipa.go.jp/index.html）は、情報セキュリティ対策の強化や、優れたIT人材を育成するための活動に取り組む組織だが、当該法人のホームページ上にて無料でダウンロードできる「情報セキュリティ自社診断」（https://www.ipa.go.jp/files/000055848.pdf）」を公開しており、中小企業・小規模事業者向けに25のチェック項目を示している。以下は、その抜粋であるが、参考にしていただきたい。

☑重要情報に対する適切なアクセス制限を行っていますか？
☑重要情報が記載された書類や電子媒体を持ち出すときは、盗難や紛失の対策をしていますか？
☑従業員に守秘義務を理解してもらい、業務上知り得た情報を外部に漏らさないなどのルールを守らせていますか？
☑従業員にセキュリティに関する教育や注意喚起を行っていますか？
☑個人所有の情報機器を業務で利用する場合のセキュリティ対策を明確にしていますか？
☑情報セキュリティ対策をルール化し、従業員に明示していますか？

　さらに、**不適切な情報管理により情報漏えい等が発生した場合、会**

社として問われる**法的責任も重い**ため、自社の社員や副業人材の意識や倫理観に委ねる対応だけではなく、情報漏えいを防止するための物理的な措置も重要である。

　以下、不適切な情報管理により、会社もしくは経営者が問われる法的責任について掲載する。

図表1　情報管理が不適切な場合の処罰等

法令	条項	処罰など
個人情報保護法 （個人情報の保護に関する法律）	40条 報告及び立入検査	委員会による立入検査、帳簿書類等の物件検査及び質問
	83条 個人情報データベース等不正提供罪	1年以下の懲役または50万円以下（法人等の場合は1億円以下）の罰金
	84条 委員会からの命令に違反	1年以下の懲役または100万円以下（法人等の場合は1億円以下）の罰金
	85条 委員会への虚偽の報告など	50万円以下の罰金
	87条 両罰規定	従業者等が業務に関し違反行為をした場合、法人に対しても罰金刑
マイナンバー法 （番号法） （行政手続における特定の個人を識別するための番号の利用等に関する法律）	48条 正当な理由なく、特定個人情報ファイルを提供	4年以下の懲役もしくは200万円以下の罰金または併科
	49条 不正な利益を図る目的で、個人番号を提供または盗用	3年以下の懲役もしくは150万円以下の罰金または併科
	50条 情報提供ネットワークシステムに関する秘密を漏えいまたは盗用	3年以下の懲役もしくは150万円以下の罰金または併科
	51条 人を欺き、人に暴行を加え、人を脅迫し、または、財物の窃取、施設への侵入、不正アクセス等により個人番号を取得	3年以下の懲役または150万円以下の罰金
	53条 委員会からの命令に違反	2年以下の懲役または50万円以下の罰金
	54条 委員会への虚偽の報告など	1年以下の懲役または50万円以下の罰金

法令	条項	処罰など
	55条 偽りその他不正の手段により個人番号カード等を取得	6月以下の懲役または50万円以下の罰金
	57条 両罰規定	従業者等が業務に関し違反行為をした場合、法人に対しても罰金刑
不正競争防止法（営業秘密・限定提供データに係る不正行為の防止など）	3条 差止請求	利益を侵害された者からの侵害の停止または予防の請求
	4条 損害賠償請求	利益を侵害した者は損害を賠償する責任
	14条 信頼回復措置請求	信用を害された者からの信用回復措置請求
金融商品取引法（インサイダー取引の規制など）	197条の2 刑事罰	5年以下の懲役または500万円以下の罰金またはこれらの併科
	207条1項2号 両罰規定	従業者等が業務に関し違反行為をした場合、法人に対しても罰金刑
	198条の2 没収・追徴	犯罪行為により得た財産の必要的没収・追徴
	175条 課徴金	違反者の経済的利得相当額
民法	709条 不法行為による損害賠償	故意または過失によって他人の権利または法律上保護される利益を侵害した者は、これによって生じた損害を賠償する責任を負う

出典：独立行政法人情報処理推進機構セキュリティセンター「中小企業の情報セキュリティガイドライン第3版」（https://www.ipa.go.jp/files/000055520.pdf）を基に一部改変

　会社が取り得る物理的なセキュリティ対策は多岐に渡るが、副業を意識すると、以下が考えられる。なお、自社内にシステムの専門部署がない場合等は、外部のセキュリティ監視・運用サービスの利用を検討することも必要となる。

① アクセス制御
　利用者や情報機器自体がデータなどにアクセスできる権限を制御すること。業務上使用するクラウドサービスを、オフィス内からのみアクセスできる設定にすることで、オフィスの外からの不正なアクセスに対するリスク軽減に効果がある。

② ログ管理

　　自社のサーバー等にいつ誰がアクセスしたか、さらにはどのデータにアクセスしたかを、ログファイルとして記録を残すこと。

③ メール送信管理

　　外部へのメール送信の際に、社内の第三者（上長など）をccに入れないと送信できない管理方法。

④ 副業先で使用するPC（パソコン）などの情報機器の制限

　　自社で貸与しているPCなどの情報機器を、副業先で使用することを禁止すること。

⑤ 記憶媒体の利用制限

　　情報の持出しや紛失による漏えいリスクに対応するため、携帯可能な記憶媒体（USBメモリなど）の利用について禁止する、もしくは許可制にするなど、利用を制限すること。

（2）利益相反、競業避止

① 利益相反

　利益相反とは、「複数の当事者の利益が競合、あるいは相反すること」を意味している。通常の事業活動の中でも発生し得るものだが、一般的に副業する場合、自らの経験やスキルを生かして自社以外の業務に関わることが多いため、特に注意が必要となる。

　副業においては、個人にとってのみ有益で、会社にとっては不利益にしかならない取引を防止する対策が必要となってくる。

　自社内の諸規則の定めのほか、利益相反について **「当社ではどのような行為が利益相反に該当するのか」を正しく理解してもらう**ことが必要である。

　特にIT業界などで社員に一定のスキルがある場合など、他社のシステム設計やプログラミングを手伝うような副業は、業務内容を正し

く確認しておかないと利益相反に該当しやすい。そのような意味でも「同業他社及び関係取引先での副業は認めない」といった許可基準を設けることなどが考えられる。

②　競業避止

競業避止とは、社員が所属する（またはしていた）企業と競合に値する企業や組織に属したり、自ら会社を設立したりといった行為を禁じる義務のことだが、日本国憲法第22条（職業選択の自由）との兼ね合いから、基本的には制限を掛けることは難しいと考えられている。制限を掛けることが許容されるのは、以下の場合と解される。

 副業の制限が許容される場合

①	労務提供上の支障がある場合
②	業務上の秘密が漏えいする場合
③	競業により自社の利益が害される場合
④	自社の名誉や信用を損なう行為や信頼関係を破壊する行為がある場合

出典：厚生労働省「副業・兼業の促進に関するガイドライン（平成30年1月策定（令和2年9月改定））」

とはいえ、副業がきっかけとなって、競業先に安易に転職する等といった、人材流出のリスクを軽減するためにも、**就業規則への定めと個別の労働契約書や誓約書を取り交わすことも必要な対応**と考える。

【就業規則の規定例】

第●条（副業・兼業）　労働者は、勤務時間外において、他の会社等の業務に従事することができる。

2　会社は、労働者からの前項の業務に従事する旨の届出に基づき、当該労働者が当該業務に従事することにより次の各号のいずれかに該当する場合には、これを禁止または制限することができる。

① 労務提供上の支障がある場合

② 企業秘密が漏えいする場合

③ 会社の名誉や信用を損なう行為や、信頼関係を破壊する行為がある場合

④ 競業により、企業の利益を害する場合

出典：厚生労働省労働基準局監督課「モデル就業規則（令和3年4月版）」

【誓約書における競業避止に関する文章例】

　在職中は元より退職した場合であっても、貴社の承諾なしに同業他社への就職や、自ら貴社と同種の業務を行うことは致しません。

　最近では、自社の社員として外国人を雇用している会社も多くなり、就業規則を周知していても本人が正しく理解できていないことから、トラブルになるケースも増えている。そのような現状に対し、「モデル就業規則（やさしい日本語版）」も用意されているので、活用したい。

【就業規則の規程例】（やさしい日本語版）

第●条（副業・兼業）　働く人は、会社で働く時間以外では、他の会社などの仕事をすることができます。

2　働く人は、1の仕事をするときには、前もって、会社に、決まった形で、そのことを教えなければなりません。

3　働く人が1の仕事をすることで、次の①〜④のどれかに当てはまるときは、会社は、その人が会社以外で働くことを禁止したり、制限したりすることができます。

① 他の会社などで働くことで、自分が働いている会社で働くときに問題が出る場合

② 会社の秘密が他の会社などに漏れる可能性がある場合

③　働く人が、会社の名誉や信用を傷つける行動や、信頼関係を壊すような行動がある場合
④　他の会社などが自分の会社と同じ種類の仕事で、会社の利益を傷つける場合

出典：厚生労働省職業安定局外国人雇用対策課「モデル就業規則（やさしい日本語版）（令和３年３月）」

　競業避止については、判例においても、その競業行為規制は「競業避止の内容が必要最小限の範囲であり、また当該競業避止義務を従業員に負担させるに足りうる事情が存するなど合理的なものでなければならない」（キヨウシステム事件・大阪地裁判決・平12.6.19）とされており、以下の要素が示されている。

【競業避止が認められる要素】
「合理的なもの」とは、一般的に次の６点で判断されている。
①　根拠とする就業規則上の規程等を要すること
　→労働者と使用者のあらかじめの合意の存在
②　労働者の地位の高さ、職務内容
　→前使用者の下での地位、職務が営業秘密に直接かかわるなど、競業避止を課すに相当なものであること
③　前使用者の正当な利益を目的とすること
　→当該労働者のみが有する特殊固有な知識、技術や人的関係などの秘密の保護であり、正当な目的を有するものであること
④　競業制限の対象
　→同一職種への就労禁止が原則
⑤　競業制限の期間、地域
　→期間、地域的制限が労働者の職業選択の自由を不当に制約するも

のでないこと

⑥　相当の代償が与えられていること

　→労働者と使用者の各々の法益の保護においてバランスが取れてい

　　ると判断されるものであること

　このように、自社において、社員に競業避止義務を課すことは難し
いことを理解・認識した上で、就業規則への定めと個別の労働契約も
しくは誓約書を取り交わす方法により、意識づけを行うことが実務上
の対応として重要である。

2　労働時間の把握

（1）労働時間とは

　労働基準法第 32 条には、「使用者は、労働者に、休憩時間を除き
1 週間について 40 時間を超えて、労働させてはならない」、「使用者は、
1 週間の各日については、労働者に、休憩時間を除き 1 日について 8
時間を超えて、労働させてはならない」と定めがあり、原則 1 日 8 時
間 1 週 40 時間を超えて労働させることはできない（原則の労働時間
制度）。しかし、いわゆる３６協定といわれる、事業場の労働者の過
半数を代表する者と時間外及び休日労働に関する協定を締結すること
によって、その協定に定める範囲内で、労働時間を延長することがで
きる。

　複数の会社に雇用される者の労働時間については、労働基準法第
38 条第 1 項に「労働時間は、事業場を異にする場合においても、労
働時間に関する規定の適用は通算する。」という定めがある。

　この「事業場を異にする場合」には、「事業主を異にする場合」も
含まれる（労働基準局長通達（昭和 23.5.14 基発 769）と解される

ため、同じ会社において複数の事業場を兼務する、会社の命令によって他社へ出向しているような場合だけでなく、**複数の会社に雇用される副業も労働時間の通算の対象**になり得る。

　ただし、これらの定めは労働基準法第32条の労働時間の規制が適用となるものが対象となるため、次のいずれかに該当する場合は、労働時間規制が適用される労働者には該当しない。

図表2　労働時間規制適用対象外の労働者

対象外となる基準	具体例
労働基準法が適用されない場合	フリーランス、個人事業主、ギグワーカー等、労働契約に基づかない契約による場合 ※ただし、実態として労働者性（▶詳細は85ページ参照）が認められない場合に限る
労働基準法は適用されるが、労働時間規制が適用されない場合	農業、畜産業、養蚕業、水産業、管理監督者等の労働基準法第41条及び第41条の2適用者）

　例えば、雇用型の副業を行う者が、図表3のとおり、A社で1日5時間、B社で1日3時間働いた場合、この者のこの日の労働時間は、通算により8時間となる。

図表3

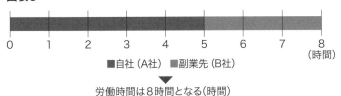

（2）労働時間通算の効果
　労働時間の通算によって、それぞれの会社における法定労働時間を把握する。その結果、自社の労働時間制度における法定労働時間を超

える部分は、自社での法定外労働となる。法定外労働が生じる場合には、前述のとおり、３６協定の締結及びその遵守と、割増賃金の支払いが必要となる。

　さらに、労働基準法第36条第6項第2号及び第3号に定める「時間外労働と休日労働の合計で単月100時間未満」と「複数月平均80時間以内」の要件は、事業場毎に締結する３６協定の制限ではなく、**個人の労働時間の上限を定めたもの**であることから、その適用において、**他社における時間外労働も遵守の対象**となる。したがって、**複数の会社における時間外労働の合計が当該規制の範囲内となるよう管理を行う**必要がある。

　自社の労働時間の把握は「労働時間の適正な把握のために使用者が講ずべき措置に関するガイドライン」が定める方法に従う必要があるが、他社での労働時間の把握はその困難さから、社員からの申告等によって把握した労働時間をもって通算する方法が認められる。社員が申告等を行わない、または事実と異なる申告を行った場合においても、申告等によって把握した労働時間を用いて通算を行っていれば足りるとされている。

　ただし、**労働時間の把握は、使用者の責務であるため、適正に労働時間を把握する義務**がある。会社は副業を行う社員（労働時間の上限規制が適用されない場合を除く）を雇用しているまたは雇用しようとする場合、労働時間通算の対象となるか否かを確認し、労働時間の通算が必要な場合は、自社の労働時間と、副業先の労働時間を通算して、社員の労働時間を把握する必要がある。

（3）労働時間の通算の方法

　労働時間の通算は、労働契約によって労働することを約束した時間である**所定労働時間を、労働時間の契約の先後の順に通算**し、次に副

業を開始した後に生じる、**所定外労働時間を発生順に通算**する方法によって行う。

（4）労働契約締結の先後の通算

　自社の所定労働時間と他社の所定労働時間を通算した結果、自社の所定労働時間に法定労働時間を超える部分があるか否かを確認する。

　先に締結された労働契約に基づく所定労働時間が優先されるため、通算した所定労働時間が法定労働時間を超える場合は、**後に締結された労働契約における法定労働時間を超える所定労働時間を「時間外労働」として把握する**必要が生じる。

　図表4のとおり、先に労働契約を締結したA社での1日の所定労働時間は6時間、後に労働契約を締結したB社での所定労働時間が1日3時間の場合、労働時間を通算すると合計9時間となり、法定労働時間（1日8時間）を1時間超える。所定労働時間の通算は、労働契約締結時期の順に行うため、労働契約を後に締結しているB社において、1時間の法定外労働が発生することになる。

※A社、B社ともに原則の労働時間制度を前提とする。

図表4

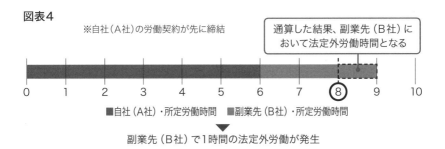

※自社（A社）の労働契約が先に締結

通算した結果、副業先（B社）において法定外労働時間となる

■自社（A社）・所定労働時間　■副業先（B社）・所定労働時間

▼

副業先（B社）で1時間の法定外労働が発生

有期労働契約を更新している場合の労働契約の前後の判断

　有期労働契約が繰り返し更新されている等、有期労働契約の更新が実態として継続している場合は、従前の労働契約の締結日を基準に、先に締結された労働契約として、労働時間の通算を行う。年次有給休暇の勤続年数の考え方等、有期雇用契約の更新について継続が認められる場合は、労働基準法の適用においては、契約がリセットされていないと考えられることが多くみられる。

（5）副業開始後における労働時間の通算

　自社の所定外労働時間と他社の所定外労働時間を通算した結果、自社の所定外労働時間に法定労働時間を超える部分があるか否かを確認する。**所定外労働においては、時刻が先の所定外労働時間が優先される**ため、法定外労働時間を超えた時点以降の労働時間は「時間外労働」として把握する。

　図表5のとおり、A社での1日の所定労働時間は3時間、B社での1日の所定労働時間が3時間の場合、合計すると6時間となり、労働契約上の1日の通算労働時間は法定労働時間（1日8時間）内となっている。

　ある日、A社で1日2時間、B社で1日2時間の所定外労働、いわゆる残業が生じた場合、この日の労働時間は合計10時間となり、1日の法定労働時間を2時間超えることとなる。所定外労働時間の通算は発生した順に行うため、実際の所定労働が行われた時刻が後の会社（図表5ではB社）において、2時間の法定外労働が発生することになる。

図表５

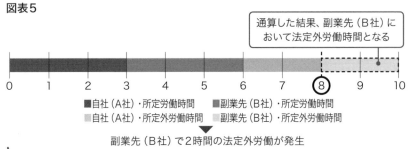

通算した結果、副業先（Ｂ社）において法定外労働時間となる

| 0 | 1 | 2 | 3 | 4 | 5 | 6 | 7 | ⑧ | 9 | 10 |

■自社（Ａ社）・所定労働時間　■副業先（Ｂ社）・所定労働時間
■自社（Ａ社）・所定外労働時間　■副業先（Ｂ社）・所定外労働時間

▼
副業先（Ｂ社）で２時間の法定外労働が発生

重要　原則の労働時間における通算の順

①	「契約が先」の所定労働時間
②	「契約が後」の所定労働時間
③	「時刻が先」の所定外労働時間
④	「時刻が後」の所定外労働時間

コラム

３社以上と労働契約を締結しているとき

　就業先が３社以上の場合であっても、すべての会社における労働時間を通算する必要がある。通算の方法については、２社の場合と同様に、所定労働時間を契約順に、所定外労働時間を発生順に通算することにより行う。

（６）管理モデルによる労働時間制度

　「副業・兼業の促進に関するガイドライン」において、副業における労働時間管理を簡便にするための運用方法（以降、管理モデルという。）が紹介されている。

　管理モデルとは、副業の開始前に、労働契約の締結が前の会社（以降、Ａ社という。）における法定外労働時間と、労働契約の締結が後

の会社（以降、B社という。）における労働時間（所定労働時間及び所定外労働時間）を合計した時間数が、時間外労働の上限の範囲内（単月100時間未満、複数月平均80時間以内）であるときに、それぞれの会社における労働時間の上限をそれぞれが設定し、それぞれの会社において設定した上限の範囲内で労働させる運用をいう。

事前に上限を定めることによって、労働時間を通算しても時間外労働の上限を超えないことから、他社での労働時間を把握することなく労働基準法を遵守できることになり、副業を運用しやすくするための方法である。

ただし、副業先においては、法定内労働時間となり得る所定内労働時間や所定外労働時間を法定外労働時間として把握することとなるため、法律の基準を超えて時間外労働が発生し、必要以上の法定外労働時間数や割増賃金の支払いが生じる可能性がある。したがって、この管理モデルにおいては、契約締結が先の会社の労働時間がフルタイムであり、契約が後の会社において法定労働時間に収まる労働時間が生じる余地がほとんどない場合等には有効と考えられる。

 重要 管理モデルによる労働時間の通算の順番

①	「契約が先」の所定労働時間
②	「契約が先」の所定外労働時間（事前に設定した上限内）
③	「契約が後」の労働時間（所定内＋所定外（事前に設定した上限内））

なお、労働契約が後の会社が、自社における日ごとの労働時間を把握し、労働時間を通算した結果、法定内労働時間に収まることが明らかな場合には、管理モデルを導入していても、労働契約が後の会社が実際の労働時間に基づいて労働時間の通算を行い、割増賃金を支払うことは認められている。

図表６　管理モデルのイメージ

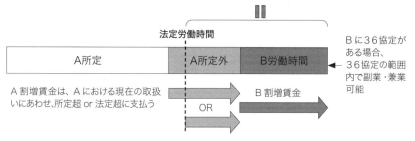

出典：厚生労働省「副業・兼業の促進に関するガイドライン　わかりやすい解説」

（７）労働時間の通算と労働時間制度

　労働時間の通算において、各社は自社の採用する労働時間制度を基に労働時間の通算を行う。週または月の労働時間の起算日が事業場によって異なる場合でも、自社の事業場の労働時間制度における起算日からの各期間を通算することで足りる。フレックスタイム制度以外の労働時間制度においては、それぞれ１日及び１週間の所定労働時間及び法定労働時間がそれぞれ存在するため、通常の労働時間制度と同様の順で所定労働時間を契約の順に通算し、実際に行われた時刻の順に所定外労働時間を通算することができる。

　しかし、フレックスタイム制度においては、所定労働時間と法定労働時間が１か月等の一定期間に応じて決まり、日々では所定内労働時間や法定外労働時間が確定しない。そのため、先に労働契約を締結しているＡ社がフレックスタイム制度を採用している場合は、**清算期間における法定労働時間の範囲内の労働時間の次に、労働契約を後に締結しているＢ社の所定労働時間を通算し、次にＢ社の所定外労働時間を、最後にＡ社の清算期間の法定労働時間の総枠を超える労働時間を通算する**方法によって労働時間の通算を行う。

フレックスタイム制度における労働時間の通算

①	「契約が先」（フレックスタイム制度）の清算期間における法定労働時間の総枠の範囲内までの労働時間
②	「契約が後」（非フレックスタイム制度）の所定労働時間
③	「契約が後」（非フレックスタイム制度）の所定外労働時間
④	「契約が先」（フレックスタイム制度）の清算期間における法定労働時間の総枠を超えた時間

　フレックスタイム制度を採用しているＡ社で働く者を、Ｂ社が新たに雇用する場合、Ｂ社はＡ社での日々の労働時間を予見することが困難となる。フレックスタイム制度に関する労働時間の通算においては、Ａ社の労働時間を清算期間における法定労働時間の総枠の1日8時間、1週40時間と仮定し、Ｂ社における所定労働時間はすべて法定外労働時間として把握する方法により労働時間を通算し、所定外労働時間は、フレックスタイム制度を導入していないＢ社の日々の所定外労働時間が先に発生した労働時間となり、最後にフレックスタイム制度を適用しているＡ社の清算期間における法定労働時間の総枠を超えた時間を通算する方法で把握する。

 フレックスタイム制度ではない会社が、フレックスタイム制度の事業場で働く人材を雇用する場合の労働時間の通算

①	「契約が先」（フレックスタイム制度）を1日8時間、1週40時間とした所定労働時間
②	「契約が後」（非フレックスタイム制度）の所定労働時間
③	「契約が後」（非フレックスタイム制度）の所定外労働時間
④	「契約が先」（フレックスタイム制度）の清算期間における法定労働時間の総枠を超えた時間

　フレックスタイム制度を採用する他社の法定労働時間を予見することが難しいことを理由に、このような通算方法が定められているため、

フレックスタイム制度を採用する会社が日ごとの労働時間を把握し、労働時間を通算しても法定労働時間の枠内に収まる部分が明確である場合にまで、当該通算方法による必要はない。ただし、その場合には、フレックスタイム制度の清算期間においては、すべてその方法によって労働時間を通算する必要があり、**1日の実績だけをもって、法定労働時間か否かの判断を行う運用はできない**ことに注意が必要である。

（8）労働時間制度毎の通算事例
①　変形労働時間制度

(A社)
・1か月単位の変形労働時間制度を採用（起算日は毎月1日）
・1か月の期間において、所定労働時間は週平均40時間以内とする
・1日9時間、週4日（月、火、水、木）勤務の労働契約を締結

(B社)
・原則の労働時間制度を採用
・1日5時間、週2日（金、土）勤務の労働契約を締結

日＼労働時間	1	2	3	4	5	6	7	8	9	10	11
1 日											
2 月											
3 火											
4 水											
5 木											
6 金											
7 土											

■自社(A社)・法定内労働時間　■副業先(B社)・法定内労働時間
■副業先(B社)・法定外労働時間

変形労働時間制度を採用しているため、A社における所定労働時間（1日9時間、1週36時間）はすべて法定内労働時間となる。B社

の所定労働時間は、1日においては8時間を超える時間はないが、1週間においては46時間となるため、B社の1週間の法定労働時間を超える6時間が法定外労働時間となる。なお、各社において所定外労働時間が生じた場合は、時刻が先の順に通算を行う。

　1か月単位、1年単位、どちらの変形労働時間制度においても1日、1週における所定労働時間が存在するため、原則の労働時間制度と同じ順で労働時間を通算することが可能である。

②　事業場外みなし労働時間制度

(A社)

・事業場外みなし労働時間制度を採用
・事業場外での業務遂行に通常必要とされる時間は1日7.5時間
・週5日（月、火、水、木、金）勤務の労働契約を締結

(B社)

・原則の労働時間制度を採用
・月曜日2時間、土曜日5時間勤務の労働契約を締結

日 ＼ 労働時間		1	2	3	4	5	6	7	8	9	10	11
1	日											
2	月											
3	火											
4	水											
5	木											
6	金											
7	土											

■自社(A社)・法定内労働時間　■副業先(B社)・法定内労働時間
■副業先(B社)・法定外労働時間

　事業場外みなし労働時間制度により、対象業務を毎日事業場外で行った場合、A社における労働時間は、1日7.5時間、1週37.5時間となり、すべて法定内労働時間となる。通算すると、月曜の1日の労働時

間が 9.5 時間となり、1 日の法定労働時間を超えるため、B 社において、所定労働時間のうち、月曜日においては 1.5 時間分が法定外労働となる。また、1 週間の所定労働時間の合計は 44.5 時間（内 1.5 時間は時間外労働時間）となり、1 週の法定労働時間（40 時間）を超えるため、B 社の土曜日の 3 時間分も法定外労働時間となる。なお、各社において所定外労働時間が生じた場合は、時刻が先の順に通算を行う。

> 【参考】
> 事業場外みなし労働時間制度における所定外労働時間
> ①　労働日における所定外労働時間
> ・労使協定によって定める「業務遂行に通常必要とされる時間」が所定労働時間を超える場合はその超える時間
> ・一部事業場内で労働した場合、事業場内で労働した時間と「業務遂行に通常必要とされる時間」の合計が所定労働時間を超える場合はその超えた時間
> ②　所定休日における所定外労働時間
> ・事業場外で従事し、所定労働日における所定労働時間を労働したとみなされる日はその所定労働時間
> ・労使協定によって定める「業務の遂行に通常必要とされる時間」すべて
> ・一部を事業場内労働した場合は、その時間と事業場外の労働に対する、業務の遂行に通常必要とされる時間の合計時間

　事業場外みなし労働時間制度においても、1 週における所定労働時間が存在するため、原則の労働時間制度と同じ順で労働時間を通算することになる。

③　フレックスタイム制度

A社

・1 日起算、1 か月が清算期間のフレックスタイム制度を採用
・完全週休二日制（土日祝）を原則とした年間カレンダーにより勤務日を決定
・1 日の所定労働時間は 8 時間、労働日×8 時間が清算期間における労働時間としている

（B社）

・原則の労働時間制度を採用
・毎週土曜日5時間勤務の労働契約を締結

日 ＼ 労働時間		1	2	3	4	5	6	7	8	9	10	11
1	日											
2	月											
3	火											
4	水											
5	木											
6	金											
7	土											
8	日											
9	月											
・	・											
・	・											
25	水											
26	木											
27	金											
28	土											
29	日											
30	月											
31	火											

■自社（A社）・法定内労働時間　■副業先（B社）・法定外労働時間
■自社（A社）・法定外労働時間

　フレックスタイム制度を採用しているため、A社では1日、1週単位での法定労働時間はなく、1か月の労働時間の総枠までの労働時間が、労働時間の通算においてはA社の所定労働時間となる。B社の所定労働時間（1週5時間）と法定外労働（上記28日の5時間超えの2時間分）は所定内労働、所定外労働の順に通算し、いずれも法定外労働時間として把握する。最後に、清算期間におけるA社での法定労働時間を超える労働時間（上記30日2時間、31日9時間の合計11時間）をA社の法定外労働時間として通算する方法によって把握する。

重要　清算期間の最終月以外の月

①	「契約が先」(フレックスタイム制度)の月の週平均50時間以内の労働時間
②	「契約が後」(非フレックスタイム制度)の所定労働時間
③	「契約が後」(非フレックスタイム制度)の所定外労働時間
④	「契約が先」(フレックスタイム制度)の月の週平均50時間を超えた労働時間

重要　清算期間の最終月

①	「契約が先」(フレックスタイム制度)の月の週平均50時間以内でかつ清算期間における法定労働時間の総枠の範囲内の労働時間
②	「契約が後」(非フレックスタイム制度)の所定労働時間
③	「契約が後」(非フレックスタイム制度)の所定外労働時間
④	「契約が先」(フレックスタイム制度)のその月の週平均50時間を超えた労働時間
⑤	「契約が先」(フレックスタイム制度)の清算期間における法定労働時間の総枠を超えた労働時間

コラム

フレックスタイム制度における、清算期間最終月とそれ以外の月の扱い

　2019年の法改正により、1か月を超える清算期間のフレックスタイム制が認められるようになった。労働時間の通算の考え方は1か月以内のフレックスタイム制度と同じだが、1か月を超える清算期間のフレックスタイム制度を採用している場合は、1か月ごとに週平均50時間を超えた労働時間が各月の法定外労働時間となり、清算期間を通じて法定労働時間の総枠を超えた時間(前述を除く)が清算期間における最終月の法定外労働時間となるため、清算期間の最終月とそれ以外での通算の方法が異なる。具体的には、以下の順によって労働時間の通算を行う。

法定休日と労働時間の取扱い

　労働時間の通算は、労働基準法上の「労働時間」の適用に関する定めのため、休日、休憩や休暇は事業場ごとに適用される。したがって、自社において法定休日を与えていれば、その日に他社で労働したとしても、自社では法定休日を確保できていることとなる。他社で自社の法定休日に労働を行ったとしても、自社の３６協定の法定休日の制限は受けない。したがって、時間外労働の上限である「時間外労働と休日労働の合計で単月 100 時間未満」と「複数月平均 80 時間以内」の要件を遵守するための労働時間通算の対象にはなるが、自社の３６協定や割増賃金の支払い（月 60 時間超えに対する割増賃金を除く）に影響することはない。なお、年次有給休暇や休憩においても同様の考え方となる。

（9）労働時間の通算によって把握した法定外労働時間の取扱い

　会社は、労働時間を通算して、それぞれにおける法定外労働時間を把握する。そのうちの自社で行った法定外労働時間に対しては、通常の法定労働時間と同様に割増賃金を支払い、３６協定の定めの範囲内で行う必要がある。

①　３６協定との関係

　労働基準法は、法定労働時間を超えて、または法定休日に労働させるためには、事業場の過半数代表者と労使協定を締結し、所轄労働基準監督署へ届出を行うことが必要となる。当該時間外労働の上限は、以下のとおりとなる。

　１）１か月 45 時間以内かつ１年間 360 時間以内（１年単位の変形労働時間制度においては１か月 42 時間、１年 320 時間）

　ただし、臨時的な特別な事情がある場合は、その旨を３６協定で定めることによって、年６回まで前述の上限を超えて法定外労働を行うことができる。その場合の法律上の上限は下記２）〜４）のとおり定められている。

　２）時間外労働と休日労働の合計が月 100 時間未満

　３）時間外労働が年 720 時間以内

　４）時間外労働と休日労働の合計が 2 〜 6 か月の平均が 80 時間以内

　会社は、労働時間の通算の結果、**自社で生じた法定外労働時間が上記１）及び３）の範囲となるよう、労働時間管理を行う**必要がある。

　図表７の場合、Ａ社とＢ社の１日の所定労働時間は合計６時間、その後、Ａ社で３時間、Ｂ社で１時間の所定外労働時間が発生したときに（時刻はＡ社が先）、Ａ社における労働時間のうち法定外労働時間は１時間となる。この１時間の労働を行うためには、Ａ社で３６協定の締結した上で、その３６協定の範囲内で行う必要がある。

図表7

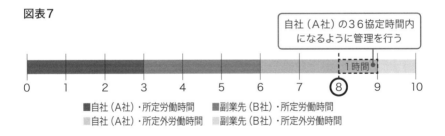

自社（A社）の３６協定時間内になるように管理を行う

1時間

0　1　2　3　4　5　6　7　8　9　10

■自社（A社）・所定労働時間　　■副業先（B社）・所定労働時間
■自社（A社）・所定外労働時間　■副業先（B社）・所定外労働時間

　上記２）及び４）の時間外労働の上限は、事業場毎の協定によるものではなく、個人の労働時間の上限を定めたものであるため、適用においては、他社における労働時間も通算した時間が対象となる。**それぞれの会社が、自社と他社の法定外労働時間の合計時間について、２）**

と4）の範囲内となるように管理を行う必要がある。

　先ほどと同様に、A 社と B 社の 1 日の所定労働時間の合計が 6 時間、A 社で 3 時間、B 社で 1 時間の所定外労働時間が発生した場合（時刻は A 社が先）、A 社の法定外労働 1 時間と B 社の法定外労働 1 時間の合計 2 時間が時間外労働の対象となる（図表 8）。月の累計時間は、上記 2）と 4）の時間外労働の上限内としなければならない。

図表8

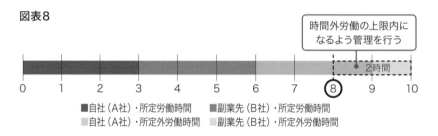

②　労働時間の通算の割増賃金の支払い

　労働時間を通算した結果、自社において行った法定外労働時間に対して、労働基準法第 37 条に定める割増賃金を支払う義務が生じる。ただし、各社の就業規則等により、法律を超える割増賃金の支払いに関する定めがある場合は、その定めによって所定労働時間を超えた部分を超えた時間に対して、割増賃金を支払わなければならない（図表9）。

図表9

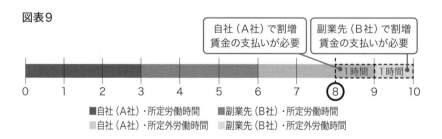

　労働基準法第 37 条第 1 項において、1 か月の時間外労働が 60 時間を超えた場合においては、その超えた時間の労働については、5 割以上の割増賃金を支払う旨定められている。この 60 時間は、事業場における時間ではなく、個人の労働時間を基準としていることから、「時間外労働と休日労働の合計で単月 100 時間未満」と「複数月平均 80 時間以内」の遵守の要件と同様の方法により通算した結果、**当該社員の時間外労働時間が 60 時間を超えた後に生じる自社の時間外労働時間に対しては、5 割以上で自社で定める割増賃金を支払う義務**が生じる（図表 10）。

図表10

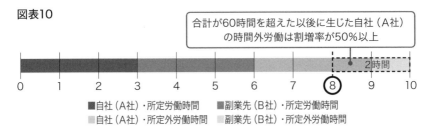

合計が60時間を超えた以後に生じた自社（A社）の時間外労働は割増率が50％以上

③　健康管理
　会社は、労働安全衛生法の定めにより、健康診断や長時間労働者に対する面接指導、ストレスチェック及びその結果に基づく事後措置等を行う義務がある。労働安全衛生法において、労働基準法のような「労働時間の通算」の定めはないため、これらの健康確保措置において、労働時間を通算した結果に基づいて行うことまでは法律上は課せられていない。しかし、会社は社員に対して、自己管理を行うよう指導することはもちろん、働きすぎにならないよう、副業の状況を確認し、社員と相談しながら健康管理を行うことが望まれる。また、過労という意味では、労働時間の通算が必要である社員か否かは関係がなく、会社は社員の健康及び安全に対して配慮が必要である。副業を行うこ

とによって、労働基準法や労働安全衛生法による規制等を超えるような長時間労働は認められるべきではないため、そのような事実が生じた場合には、副業の実態に応じて、会社は責任を問われる可能性もある。

　したがって、そのようなことが生じないよう、会社は、**社員が副業内容等を適正に申告し、副業の状況を相談しやすい環境づくりを行うことが必要**と考えられる。なお、社員が副業の申告等を行ったことによって不利益に取扱うことはしてはならない。

【参考】
労働安全衛生法（第66条の8）の定めに基づく必要な健康確保措置
　医師等の意見を聴取し、必要があると認めるときは、当該社員の実情を考慮して、次のような措置を検討する必要がある。
・就業場所の変更
・作業の転換
・労働時間の短縮
・深夜業の回数の減少

---

3 社会保険の適用

　会社に雇用されて働く社員は、要件に該当すると社会保険に加入し被保険者となる。社会保険に加入すると、社会保険料を納付することになり、それによって医療を受ける際に給付を受けることができたり、将来年金を受給することができたりする。副業を行う社員についても、働いている会社でそれぞれ加入要件を満たす場合には、**それぞれで社会保険に加入**することになる。その場合の保険料の決定方法や、手続等実務のポイントについて解説する。

（1）社会保険とは

　ここでいう社会保険とは、健康保険、介護保険、厚生年金保険のことをいう。

①　加入要件

　健康保険と厚生年金保険の被保険者となるのは、適用事業所に使用される者で、適用除外の要件に該当しない者（日雇労働被保険者を除く）である。適用事業所とは、健康保険、厚生年金保険の適用を受ける事業所のことであり、法人の場合は原則として適用事業所となるが、個人事業主の場合は、農業、林業、漁業、サービス業等を除き、社員が常時5人以上いる場合に適用事業所となる。

　適用除外となる要件は、以下のとおりである。

図表11　適用除外の要件

適用除外要件	例外(被保険者となる)
船員保険の被保険者	
臨時に使用されるもので、 A　日々雇い入れられる者 B　2か月以内の期間を定めて使用される者	Aは1か月を超えて、Bは所定の期間を超えて使用される場合は被保険者となる
所在地が一定しない事業所に使用される者	
季節的業務（4か月以内）に使用される者	継続して4か月を超えて使用される場合は初めから被保険者となる
臨時的事業の事業所（6か月以内）に使用される者	継続して6か月を超えて使用される場合は初めから被保険者となる
国民健康保険組合の事業所に使用される者	
後期高齢者医療の被保険者	
厚生労働大臣、健康保険組合または共済組合の承認を受けた者（健康保険の被保険者でないことにより国民年金保険の被保険者であるべき期間に限る）	

　また、パートやアルバイトなど、正社員よりも短い時間で働いている社員は、以下の場合に被保険者となる。

1）1週間の所定労働時間が正社員の所定労働時間の4分の3以上、かつ1か月の所定労働日数が正社員の所定労働日数の4分の3以上である場合

2）1）に該当せず、以下のすべてに該当する場合

・1週間の所定労働時間が20時間以上であること
・継続して1年以上使用されることが見込まれること（※）
・1か月の報酬が8.8万円以上であること
・学生でないこと
・特定適用事業所または任意特定適用事業所に勤めていること（国、地方公共団体に属するすべての適用事業所を含む）

※ 2022年10月から「継続して2か月を超えて使用されることが見込まれること」に変更。

特定適用事業所

事業主が同一である1または2以上の適用事業所であって、使用される厚生年金保険の被保険者の総数が常時500人を超える事業所をいう。なお、常時500人という人数は、2022年10月以降は100人、2024年10月以降は50人となり、対象となる事業所を拡大していくことが決定されている。

任意特定適用事業所

特定適用事業所に該当しない事業所であって、労使合意により適用事業所となることを申し出た事業所のことをいい、特定適用事業所と同じ扱いとなる。

　法人の役員の場合、被保険者となる要件は、法人から労務の対象として報酬（役員報酬等）を受けていることとされている（昭24.7.28保発74）。役員は本来、使用される者ではないため、被保険者となる要件には該当しないが、**法人の業務を担当している者であることから使用関係のある者として認められ、社会保険の被保険者となる場合が**

ある。ただし、一般の社員のように所定労働時間の概念等がないため、加入要件の考え方が異なる。

　なお、労務の対象として報酬を受けているかどうかについては、「その業務が実態において法人の経営する参画を内容とする経常的な労務の提供であり、かつ、その報酬が当該業務の対価として当該法人より経常的に支払いを受けるものであるかを基準として判断」される（日本年金機構疑義照会　受付番号 No.2010-77）。その判断の材料として例示されているポイントは、以下のとおりである。

A　当該法人の事業所に、定期的に出勤しているかどうか

B　当該法人における職以外に、多くの職を兼ねていないかどうか

C　当該法人の役員会等に出席しているかどうか

D　当該法人の役員への連絡調整または職員に対する指揮監督に従事しているかどうか

E　当該法人において、求めに応じて意見を述べる立場にとどまっていないかどうか

F　当該法人等より支払いを受ける報酬が、社会通念上労務の内容に相応したものであって、実費弁償程度の水準にとどまっていないかどうか

　要件の要否については、あくまで上記を例として、それぞれの事案ごとに実態を踏まえ、総合的に判断される。

　また、健康保険には任意継続制度があり、会社を退職し被保険者資格を喪失する場合に、要件を満たせば引き続き被保険者となることができる。この制度により被保険者となっている者を「任意継続被保険者」という。

介護保険の被保険者については、第1号被保険者と第2号被保険者に分かれている。第1号被保険者は、市町村の区域内に住所を有する65歳以上の者、第2号被保険者は市町村の区域内に住所を有する40歳以上65歳未満の医療保険加入者である。つまり、健康保険に加入している社員が40歳に到達すると、介護保険の被保険者となる。

② 副業パターンの整理

社員が副業を行っている場合であっても、自社で社会保険の加入要件を満たす場合は、通常どおり加入手続が必要となる。考えられるパターンは以下のとおりである。

図表12　社会保険の加入手続パターン

	自社	他社	加入可否
A	加入要件を満たす	加入要件を満たさない	加入要件を満たす自社のみで加入
B	加入要件を満たさない	加入要件を満たす	加入要件を満たす他社のみで加入
C	加入要件を満たす	加入要件を満たす	それぞれの会社で加入

図表12のうち、Cのように加入要件を満たす会社が複数となった場合、それぞれの会社で被保険者（二以上勤務者）となる。その場合の対応について次項で説明する。

③ 二以上勤務者とは

副業を行っている者が、それぞれの会社で社会保険の加入要件を満たす場合、それぞれの会社で社会保険の被保険者となる。複数の会社で社会保険の被保険者となると、社会保険の事務を行う運営主体（日本年金機構の事務センターや健康保険組合など。以降、「保険者」という。）が複数存在することになり、事務が煩雑となってしまう。そのため、社会保険の適用においては、主たる会社を1つ選択し、選択した会社を管轄する保険者（以降、「選択事業所の保険者」という。）

において、被保険者にかかる事務が行われることになる。ここで選択された会社を**「選択事業所」**といい、その他の会社を**「非選択事業所」**という。選択事業所は後述する「健康保険・厚生年金保険被保険者所属選択・二以上事業所勤務届」により手続を行う必要があるため、**この届出を行う必要がある者を、二以上勤務者**という。

　なお、任意継続被保険者の場合、新たに健康保険の被保険者となった場合には、任意継続被保険者の資格を喪失するため、任意継続被保険者と一般の被保険者での二以上勤務者は存在しないこととなる。

（2）実務上のポイント
①　事業所の選択

　前述のとおり、社員が副業をして二以上勤務者となる場合には、**いずれかの会社の保険者が手続を一括して行う**ことになるため、まず、どちらかの事業所を選択する必要がある。どの会社を選択事業所とするかは特に決まりはなく、社員の自由となるため、健康保険の給付内容や保険料率等を判断材料として、メリットが大きい方を選択することが一般的である。事業所の選択は、「健康保険・厚生年金保険被保険者所属選択・二以上事業所勤務届」を選択事業所の保険者へ提出することにより行う（図表13）。健康保険組合に加入する事業所を選択した場合は、厚生年金保険分の管轄は日本年金機構であるため、**健康保険組合と日本年金機構の事務センターへそれぞれ提出する**点に留意する。

　なお、健康保険組合に「健康保険・厚生年金保険被保険者所属選択・二以上事業所勤務届」を提出する際には、原則として日本年金機構から先に手続を行い、日本年金機構から交付された「健康保険・厚生年金保険資格取得確認、二以上事業所勤務被保険者決定及び標準報酬決定通知書」の控えを添付する。非選択事業所から選択事業所の健康保

図表13　健康保険・厚生年金保険被保険者所属選択・二以上事業所勤務届の記載
　　　　方法

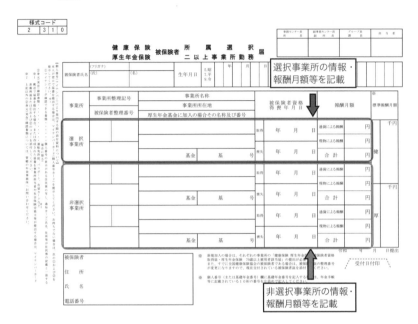

　険組合へ資格取得届を提出する必要はないが、健康保険組合により対
応が異なる場合があるため、対象の健康保険組合へ手続方法を確認し
て行う必要がある。
　　健康保険証については、すでに一つの会社で発行されていた場合は、
二以上勤務者となることで新しい整理番号が附番されることとなるた
め、すでに発行されている健康保険証を添付して手続を行い、新しい
健康保険証が再発行される流れとなる。したがって、複数の会社で被
保険者となっても、健康保険証は１枚のみ発行される。
② 　標準報酬月額の決定方法
　１）標準報酬月額とは
　　　標準報酬月額は、被保険者の報酬に基づき、１等級から50等級（厚

生年金保険は1等級から32等級)の等級区分によって定められる。この等級により、保険料額や給付額、年金額が決定される仕組みとなっている。

2）二以上勤務の場合の標準報酬月額決定方法

　二以上勤務者の標準報酬月額は、被保険者となる各会社でそれぞれ報酬月額を算出して合算したものである。手続については、前述の「健康保険・厚生年金保険被保険者所属選択・二以上事業所勤務届」の提出により、選択事業所の保険者が、二以上勤務者である被保険者の標準報酬月額を決定し、それぞれの会社へ決定通知書を交付する流れとなる（図表14）。

図表14　標準報酬月額決定の流れ

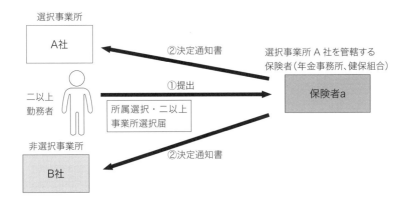

③　保険料額の決定方法

1）給与

　各月の給与から控除する社会保険料額は、決定された標準報酬月額から算出した保険料額を、**それぞれの会社の報酬月額の比率で按分した額**となる。例えば、報酬月額30万円のA社と、報酬月額

10万円のB社に勤務する社員であれば、標準報酬月額が41万円と決定される。この場合、社会保険料額が40,344円（例：2021年度東京都の保険料額）であるため、2社の報酬月額の比率3：1で按分すると、A社は30,258円、B社は10,086円となる。なお、決定された等級及び保険料額は決定通知書にてA社、B社それぞれへ通知されるため、A社及びB社では、それぞれに通知された金額を基に社員から社会保険料を控除する手順となる（図表15）。

図表15　社会保険料額決定の流れ

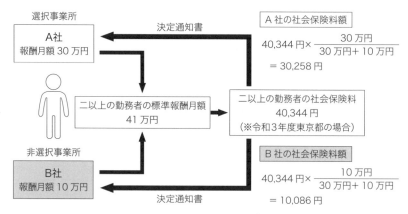

2）賞与

　二以上勤務者へ賞与を支払った場合は、支給した会社で「健康保険・厚生年金保険被保険者賞与支払届」を提出する際に、⑧欄で「二以上勤務」に○をつけて提出する（図表16）。保険料の計算については、一般の被保険者と同様に支給額から標準賞与額を決定し、保険料額を計算し控除を行う。

　選択事業と非選択事業所で同月に賞与の支給があった場合には、それぞれの会社から「健康保険・厚生年金保険被保険者賞与支

図表16　健康保険・厚生年金保険被保険者賞与支払届

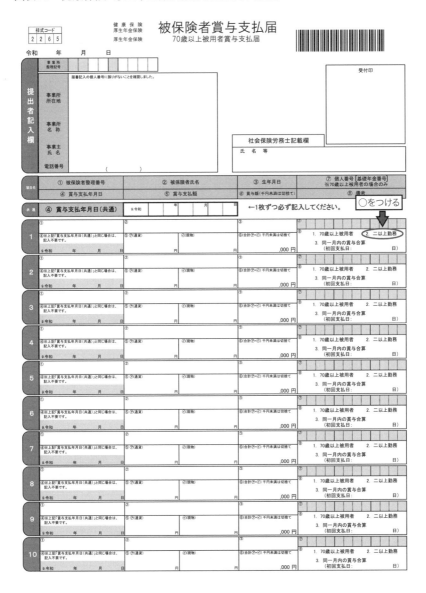

払届」が提出された後、選択事業所の保険者において、各社の賞与支払額から標準賞与額を決定し、決定通知書によって保険料額が通知される。

　なお、保険料額は給与と同様に按分された金額となる。他社の提出時期にも左右されるが、**按分された保険料額の通知が届くまでには通常1か月以上時間を要することが多く、実際の徴収保険料額との調整が必要**となる場合もあるため、注意が必要である。

④　月額変更届、算定基礎届

　1）月額変更届

　　二以上勤務者である社員の標準報酬月額変更については、固定的賃金が変動した会社において**2等級以上の変動があったとき**に、変動があった会社より「健康保険・厚生年金保険被保険者報酬月額変更届」の提出を行い、その他の会社の報酬月額と合わせて再度標準報酬月額を決定する。変動があった会社で2等級以上の等級の変動がなかった場合には、標準報酬月額の改定は行われない。届出を行う際には、「健康保険・厚生年金保険被保険者賞与支払届」（図表16）と同様に、**備考欄の「二以上勤務」に忘れずに〇をつけて提出**を行う。

　　なお、1社で2等級以上の変動があったものの、その他の会社の報酬月額と合わせた結果、2等級以上の変動がなかった場合（等級の変動がなかった場合、または1等級の変動しかなかった場合）も、改定は行われる。これは、1社での報酬月額の変動により、各社の按分率が変更となるため、各社の負担する保険料額が変更となるためである。

　2）算定基礎届

　　算定基礎届は、各社がそれぞれ選択事業所の保険者に対して「健康保険・厚生年金保険被保険者報酬月額算定基礎届」を提出し、選

択事業所の保険者が各社の報酬月額から標準報酬月額を決定する。届出を行う際には、**備考欄の「二以上勤務」に忘れずに〇をつけて提出**を行う。

⑤　**資格の喪失**

二以上勤務者が、いずれかの会社を退職する等により被保険者資格を喪失し、二以上勤務者でなくなる場合は、**資格を喪失する会社で通常どおり「健康保険・厚生年金保険被保険者資格喪失届」を提出**することで、残りの会社のみでの被保険者へと切り替わる。その際は、備考欄の「二以上事業所勤務者の喪失」に忘れずに〇をつけて提出を行う。また、保険料についても、その当月から被保険者である残りの会社1社のみでの納付に変更となる。健康保険証は、新たな整理番号が附番され再発行される。

選択事業所である会社で資格を喪失した場合は、非選択事業所だった会社へ標準報酬月額の通知が行われ、新たな整理番号が振られた新しい健康保険証が発行される。**新しい健康保険証の番号は自動的に割り当てられるため、同時期に別の社員の取得手続を行う場合などは、番号が重複しないよう注意が必要**である。

また、3社以上の会社で社会保険資格を取得している二以上勤務者が、選択事業所の会社で資格を喪失することになった場合、非選択事業所の会社の中からあらためて事業所を選択する手続が必要となる。

4　労働保険の適用

労働保険とは、雇用保険と労働者災害補償保険（以降、労災保険という。）の総称である。制度の目的が異なるため、それぞれに個別の加入要件があり、副業を行う者特有の実務上のポイントも異なる。

（1）雇用保険

① 雇用保険とは

　雇用保険とは、失業した場合の生活保障や再就職の援助、育児休業時の生活保障など、労働者の生活の安定を目的とした制度である。副業を行う社員が、複数の会社で雇用保険の加入要件を満たしている場合、社会保険とは異なり、**主たる賃金を得ている会社のみで被保険者**となる。

1）加入要件

　雇用保険の被保険者となる者は、適用事業所に雇用される者であって、以下の適用除外要件に該当しない者である。

図表17　適用除外の要件

適用除外要件	例外（被保険者となる）
1週間の所定労働時間が20時間未満である者	日雇労働被保険者に該当する者
継続して31日以上雇用されることが見込まれない者	前2か月の各月で18日以上同一事業主に雇用されたものや日雇労働被保険者となる者
季節的に雇用される者	短期雇用特例被保険者
学生である者	卒業後も引き続き雇用される予定の者、休学中の者、定時制の過程に在学中の者等
船員	1年を通じて船員として雇用される者
他法令により、離職した場合に受ける給付の内容が雇用保険の給付の内容を超える者	

　役員の場合は、雇用される者ではないため、原則として雇用保険の被保険者とはならない。ただし、**役員と社員を兼務する者等、社員として受ける給与がある場合には、その部分において被保険者**となる。つまり、一般の社員と同様に被保険者の資格を取得し、社員として受ける給与分についてのみ保険料を納付することとなる。

2）副業パターンの整理

　社員が副業を行っており、雇用保険の加入要件を満たす場合、加

入手続として考えられるパターンは以下のとおりである。

重要　図表18　雇用保険の加入手続パターン

	自社	他社	加入可否
①	加入要件を満たす	加入要件を満たさない	加入要件を満たす自社のみで加入
②	加入要件を満たさない	加入要件を満たす	加入要件を満たす他社のみで加入
③	加入要件を満たす	加入要件を満たす	主たる賃金を受ける会社のみで加入

3）雇用保険マルチジョブホルダー制度

　2022年1月1日から、副業により2以上の会社で勤務する65歳以上の労働者を対象として、2つの会社（週の所定労働時間が5時間以上20時間未満であるものに限る）の労働時間を合算して週の所定労働時間が20時間以上であり、かつ2つの会社のそれぞれの雇用見込みが31日以上である場合には、雇用保険の被保険者となることができる制度が施行された。これを**雇用保険マルチジョブホルダー制度**といい、これにより被保険者となった者を**マルチ高年齢被保険者**という。勤務しているいずれの会社でも、単独で被保険者の要件を満たさない者が対象となっており、副業という働き方に対する救済措置とされている。

　3つ以上の会社（週の所定労働時間が5時間以上20時間未満であるA社、B社、C社）で勤務している場合には、そのうちの2つの会社（A社、B社）を選択して取得手続きを行う。そして2社のうち1社（A社）を退職等した場合でも、残りの1社（B社）と選択していなかった1社（C社）で要件を満たす場合には、引き続きマルチ高年齢被保険者として取り扱われる。その場合は、一度A社とB社での資格について喪失手続を行ったあと、改めてB社とC社での資格の取得手続を行う必要がある。

なお、手続は社員本人が、本人の居住地を管轄する公共職業安定所にて行うため、**会社において手続きを行う必要はないが、事業主記載事項の記入や必要な証明を求められた場合は対応が必要**である。

また、**マルチ高年齢被保険者の資格取得日は申出した日**となるため、社員から記載依頼を受けた場合は速やかに対応し、本人に交付する必要がある。

② 実務ポイント

1）主たる賃金を得ている会社の判断

雇用保険の被保険者である社員が副業を行っている場合、他社でも雇用保険の被保険者となる働き方をしているかどうか、またどちらが主たる賃金を得ている会社かという点については、**本人の申出によって手続を進める他ない**といえる。社員に対して、雇用保険制度の内容を十分に説明し、他社における勤務体系の確認を行った上で、必要に応じて手続を進める必要がある。

なお、主たる賃金とは「生計を維持するために必要な賃金」を指している。一般的には、賃金額が高い会社において被保険者となるが、明確なルールではないため、最終的には本人の選択に応じて手続をすることとなる。

2）手続

社員の主たる賃金を得ている会社が自社だった場合は、自社で通常どおり資格取得の手続を行う。すでに他社で被保険者の資格を有しており、自社が主たる賃金を得ている会社となった場合には、被保険者資格を取得している会社において喪失の手続を行い、その喪失日を資格取得日として、自社で資格取得手続を行う。前述のとおり、雇用保険は1社でしか加入できないため、資格喪失の手続が完了しないと資格取得の手続もできない。本人を通して、早めに手続を進めてもらうように伝えるとよい。

3）マルチ高年齢被保険者の雇用保険料

　副業を行う社員が、マルチ高年齢被保険者となっている場合の雇用保険料は、通常の雇用保険被保険者と同様に、賃金総額に保険料率を乗じて計算する方法となる。

（2）労働者災害補償保険（労災保険）
① 労災保険とは

　労災保険とは、業務中や通勤中の負傷・疾病・障害・死亡に対して、社員やその遺族に対して給付が行われる制度のことをいう。

　労災保険の場合は、副業によって2社以上で勤務する場合も、**それぞれの会社で労災保険が適用される**こととなる。ただし、その場合の給付基礎日額の決定方法や、複数の業務による負荷が原因で病気になった場合などにおいて、副業を行う者特有のポイントがある。

1）適用労働者の要件

　労災保険が適用される労働者は、**労災保険が適用される事業所に使用され、賃金を支払われるすべての労働者**である。

　なお、法人の役員については、原則として使用される労働者ではないため適用とはならないが、業務執行権を有する取締役等の指揮・監督を受けて労働に従事し、その対象として賃金を得ている場合には、実態を鑑みて労働者として扱われることがある。

2）特別加入とは

　労災保険の保護対象は、原則として労働者であるが、それ以外の者であっても業務の実態によっては災害のリスクが生じるため、労災保険の対象となる場合がある。これを特別加入という。特別加入が可能なものは、以下のとおりである。

1．中小事業主等（労働者災害補償保険法第33条第1項第1号・第2号）

以下に定める数以下の労働者を使用する事業の事業主や、その事業に従事する労働者以外の者（家族従事者等）

図表19　特別加入可能な業種とその労働者数

業種	労働者数
金融業、保険業、不動産業、小売業	50人以下
卸売業、サービス業	100人以下
上記以外の業種	300人以下

２．一人親方等(労働者災害補償保険法第33条第1項第3号・第4号)
　　労働者を使用せずに以下の事業を行うことを状態とする者

- ・自動車を使用して行う旅客もしくは貨物の運送の事業または原動機付自転車もしくは自転車を使用して行う貨物の運送の事業
- ・土木、建築その他の工作物の建築、改造、保存、原状回復、修理、変更、破壊もしくは、解体またはその準備の事業
- ・漁船による水産動植物の採捕の事業
- ・林業の事業
- ・医薬品の配置販売の事業
- ・再生利用の目的となる廃棄物などの収集、運搬、解体などの事業
- ・船員法第1条に規定する船員が行う事業
- ・柔道整復師が行う事業
- ・高年齢者雇用安定法第10条の2第2項に規定する創業支援等措置に基づき、同項第1号に規定する委託契約その他の契約に基づいて高年齢者が新たに開始する事業または同項第2号に規定する社会貢献事業に係る委託契約その他の契約に基づいて高年齢者が行う事業（創業支援等措置に基づく事業）

3．特定作業従事者（労働者災害補償保険法第33条第1項第5号）
　　以下のいずれかに該当する者

・特定農作業従事者

・指定農業機械作業従事者

・国または地方公共団体が実施する訓練従事者

・家内労働者およびその補助者

・労働組合等の常勤役員

・介護作業従事者および家事支援従事者

・芸能関係作業従事者

・アニメーション制作作業従事者

・ＩＴフリーランス

4．海外派遣者（労働者災害補償保険法第33条第1項第6項・第7項）
　　以下のいずれかに該当する者

・日本国内の事業主から、海外で行われる事業に労働者として派遣される者

・日本国内の事業主から、海外にある中小規模の事業に事業主等として派遣される者

・独立行政法人国際協力機構など、開発途上地域に対する技術協力事業を行う団体から派遣されて、開発途上地域で行われている事業に従事する人

3）副業パターンの整理

　副業により、複数で就業を行う場合のパターンは、以下のとおりである。

1.	適用労働者×適用労働者
2.	適用労働者×特別加入
3.	適用労働者×労働者でない（労災適用外）

　上記のうち、１．２．については、給付の際の日額の決定方法や労災認定基準、手続方法にポイントがあるため、次項で解説する。

② 　副業の場合の労災給付

１）通勤災害

　副業を行う者が、１日に２つ以上の会社で勤務を行った場合、移動中の事故がどの会社の通勤災害として認定されるのか、特に**２つの会社間を移動する際の事故は、事実関係を確認した上で判断する**ことになる。

　例えば、会社Ａから会社Ｂへの移動については、移動先の就業のために行う行為と考えられるため、会社Ｂのための通勤となる。複数の会社での勤務があった日の通勤については、次のとおりである（図表20）。通勤災害があった場合には、どの会社の通勤災害となるのか注意が必要である。

図表20　複数の就業先における通勤

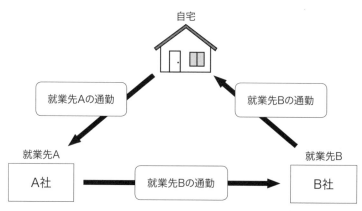

2）給付基礎日額の決定方法

　副業により、複数の事業の労働者となっている者（以降、複数事業労働者という。）が被災した場合、給付の際の日額は、**適用労働者となっている会社（特別加入を含む）のすべての賃金を合算した額を基に決定**される。

　例えば、会社Aのみでの給付基礎日額（平均賃金）が10,000円、会社Bのみでの給付基礎日額が5,000円だった場合、これを合算した15,000円が、この労働者の給付基礎日額として決定される。

3）複数業務要因災害

　脳・心臓疾患や精神障害の労災認定については、過去おおむね6か月以内の身体的・精神的負荷の度合いが1つの基準となっている。

　複数事業労働者については、**1つの事業のみでは労災認定されなかった場合、複数の事業での負荷を総合的に判断して労災認定を行う**。これを**複数業務要因災害**という。また、傷病等が発生した時点では複数事業労働者でなかった者であっても、傷病等の発生の原因または要因として考えられる負荷のかかった期間に複数事業労働者であった場合は、これに類するものとして同様の取扱いを行う（図表21）。

重要 **図表21 複数事業労働者の具体例**

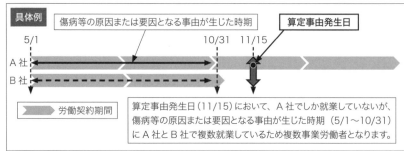

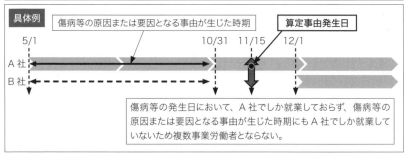

出典：厚生労働省「複数事業労働者への労災保険給付 わかりやすい解説」

③ 実務ポイント

1）その他就業先の有無欄への記載

　副業により、複数の事業場で就業している場合には、申請の際に「療養補償給付及び複数事業労働者療養給付たる療養の給付請求書」等、各様式内の**「その他就業先の有無欄」に、その他就業先の有無の他、特別加入の場合の加入年月日や給付基礎日額等を記載する**必要がある。**記載がない場合は、複数事業労働者として扱われないた**め、本人への確認を行い、記載漏れがないように留意する。

　なお、「その他就業先の有無欄」に記載をした場合であっても、1つの会社のみでの業務災害と認定された場合は、通常どおりの業

務災害として給付される。また、１つの会社のみでは業務災害として認定されず、複数業務災害として認定された場合は、複数業務災害としての給付が行われることとなる（図表22）。

図表22　その他就業先の有無欄への記載

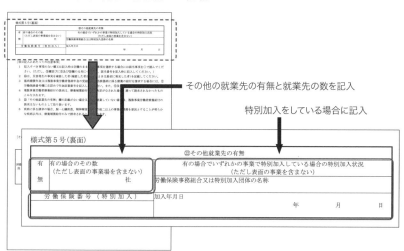

２）複数就業先の賃金額証明の添付

　休業（補償）給付、障害（補償）給付、遺族（補償）給付、葬祭料（葬祭給付）の請求の際には、**それぞれの会社ごとに作成した賃金額を証明する別紙１の平均賃金算定内訳（業務災害の場合は様式第８号、通勤災害の場合は様式第16号の６）（図表23）を添付**する。また、請求書の提出を行う会社以外の会社については、**別紙３（業務災害の場合は様式第８号、通勤災害の場合は様式第16号の６）（図表24）も併せて作成し、添付する**必要がある。なお、別紙１及び別紙３は、休業補償給付支給請求書（様式第８号）と休業給付支給請求書（様式第16号の６）の別紙とされているが、障害（補償）

図表23　平均賃金算定内訳

様式第16号の6（別紙1）（表面）

労　働　保　険　番　号					氏　　　　名	災害発生年月日
府県	所掌	管轄	基幹番号	枝番号		年　　月　　日

平均賃金算定内訳

（労働基準法第12条参照のこと。）

雇　入　年　月　日			年　　　月　　　日	常用・日雇の別	常　用・日　雇

賃　金　支　給　方　法	月給・週給・日給・時間給・出来高払制・その他請負制	賃金締切日	毎月　　　日

<table>
<tr><td rowspan="8">A</td><td rowspan="8">月よ・つ週てそ支の払他っ一た定ものの期に間</td><td colspan="2">賃　金　計　算　期　間</td><td>月　日から
月　日まで</td><td>月　日から
月　日まで</td><td>月　日から
月　日まで</td><td colspan="2">計</td></tr>
<tr><td colspan="2">総　　日　　数</td><td>日</td><td>日</td><td>日</td><td>(イ)</td><td>日</td></tr>
<tr><td rowspan="5">賃

金</td><td>基　本　賃　金</td><td>円</td><td>円</td><td>円</td><td colspan="2">円</td></tr>
<tr><td>　　　手　当</td><td></td><td></td><td></td><td colspan="2"></td></tr>
<tr><td>　　　手　当</td><td></td><td></td><td></td><td colspan="2"></td></tr>
<tr><td></td><td></td><td></td><td></td><td colspan="2"></td></tr>
<tr><td>計</td><td>円</td><td>円</td><td>円</td><td>(ロ)</td><td>円</td></tr>
<tr><td colspan="2">賃　金　計　算　期　間</td><td>月　日から
月　日まで</td><td>月　日から
月　日まで</td><td>月　日から
月　日まで</td><td colspan="2">計</td></tr>
<tr><td rowspan="8">B</td><td rowspan="8">日他若のし請く負は制時に間よっ又ては出支来払高っ払た制もそのの</td><td colspan="2">総　　日　　数</td><td>日</td><td>日</td><td>日</td><td>(イ)</td><td>日</td></tr>
<tr><td colspan="2">労　働　日　数</td><td>日</td><td>日</td><td>日</td><td>(ハ)</td><td>日</td></tr>
<tr><td rowspan="5">賃

金</td><td>基　本　賃　金</td><td>円</td><td>円</td><td>円</td><td colspan="2">円</td></tr>
<tr><td>　　　手　当</td><td></td><td></td><td></td><td colspan="2"></td></tr>
<tr><td>　　　手　当</td><td></td><td></td><td></td><td colspan="2"></td></tr>
<tr><td></td><td></td><td></td><td></td><td colspan="2"></td></tr>
<tr><td>計</td><td>円</td><td>円</td><td>円</td><td>(ニ)</td><td>円</td></tr>
<tr><td colspan="3">総　　　　　計</td><td>円</td><td>円</td><td>円</td><td>(ホ)</td><td>円</td></tr>
<tr><td colspan="3">平　　均　　賃　　金</td><td colspan="5">賃金総額(ホ)　　　　　円÷総日数(イ)　　　　＝　　　　円　　　　銭</td></tr>
</table>

最低保障平均賃金の計算方法

Aの(ロ)　　　　円÷総日数(イ)　＝　　　　円　　　銭(ヘ)

Bの(ニ)　　　　円÷労働日数(ハ)　×$\frac{60}{100}$＝　　　円　　　銭(ト)

(ヘ)　　　　円　　銭＋(ト)　　　円　　銭　＝　　　　円　　銭(最低保障平均賃金)

日日い入れられる者の平均賃金（昭和38年労働省告示第52号による。）	第1号又は第2号の場合	賃　金　計　算　期　間	(リ)労働日数又は労働総日数	(ヌ)賃　金　総　額	平均賃金(ヌ÷リ)×$\frac{73}{100}$
		月　日から 月　日まで	日	円	円　　　銭
	第3号の場合	都道府県労働局長が定める金額			円
	第4号の場合	従事する事業又は職業			
		都道府県労働局長が定めた金額			円
漁業及び林業労働者の平均賃金（昭和24年労働省告示第5号第2条による。）		平均賃金協定額の承認年月日	年　　月　　日 職種	平均賃金協定額	円

①　賃金計算期間のうち業務外の傷病の療養等のため休業した期間の日数及びその期間中の賃金を業務上の傷病の療養のため休業した期間の日数及びその期間中の賃金とみなして算定した平均賃金

　（賃金の総額(ホ)－休業した期間にかかる②の(リ)）÷（総日数(イ)－休業した期間②の(チ)）

　（　　　　　円－　　　　　円）÷（　　　日－　　　日）＝　　　円　　銭

72

様式第16号の6　（別紙1）　（裏面）

② 業務外の傷病の療養等のため休業した期間

　及びその期間中の賃金の内訳

賃 金 計 算 期 間	月　　日から 月　　日まで	月　　日から 月　　日まで	月　　日から 月　　日まで	計
業務外の傷病の療養等のため 休業した期間の日数	日	日	日 (チ)	日
業務外の傷病の療養等のため休業した期間中の賃金（基本賃金）	円	円	円	円
手当				
手当				
計	円	円	円 (リ)	円
休 業 の 事 由				

	支 払 年 月 日	支 払 額
③ 特 別 給 与 の 額	年　　月　　日	円
	年　　月　　日	円
	年　　月　　日	円
	年　　月　　日	円
	年　　月　　日	円
	年　　月　　日	円
	年　　月　　日	円

[注　意]

　③欄には、負傷又は発病の日以前2年間（雇入後2年に満たない者については、雇入後の期間）に支払われた労働基準法第12条第4項の3箇月を超える期間ごとに支払われる賃金（特別給与）について記載してください。

　ただし、特別給与の支払時期の臨時的変更等の理由により負傷又は発病の日以前1年間に支払われた特別給与の総額を特別支給金の算定基礎とすることが適当でないと認められる場合以外は、負傷又は発病の日以前1年間に支払われた特別給与の総額を記載して差し支えありません。

図表24　賃金額を証明する様式

複数事業労働者用

① 労働保険番号（請求書に記載した事業場以外の就労先労働保険番号）

都道府県	所掌	管轄	基幹番号	枝番号

② 労働者の氏名・性別・生年月日・住所

（フリガナ氏名）	男	生年月日			
（漢字氏名）	女	（昭和・平成・令和）	年	月	日

〒　　　　－

（フリガナ住所）

（漢字住所）

③ 平均賃金（内訳は別紙1のとおり）

　　　　　　　円　　　　　　銭

④ 雇入期間

（昭和・平成・令和）　　　年　　　　月　　　　日　　から　　　　年　　　　月　　　　日　まで

⑤ 療養のため労働できなかつた期間

令和　　　年　　　月　　　日　から　　　年　　　月　　　日　まで　　　　　　　　日間のうち

⑥ 賃金を受けなかつた日数（内訳は別紙2のとおり）　　　　　　　日

⑦ 厚生年金保険等の受給関係

（イ）基礎年金番号　　　　　　　　　　　　（ロ）被保険者資格の取得年月日　　　年　　　月　　　日

（ハ）当該傷病に関して支給される年金の種類等

年金の種類　厚生年金保険法の　　　イ　障害年金　　　ロ　障害厚生年金

国民年金法の　　　ハ　障害年金　　　ニ　障害基礎年金

船員保険法の　　　ホ　障害年金

障害等級　　　　　級　　　支給されることとなつた年月日　　　年　　　月　　　日

基礎年金番号及び厚生年金等の年金証書の年金コード

所轄年金事務所等　　　　　　　　　　

上記②の者について、③から⑦までに記載されたとおりであることを証明します。

　　　　　　　年　　　月　　　日

事業の名称　　　　　　　　　　　　　　　電話（　　　）　　　－

事業場の所在地

事業主の氏名

労働基準監督署長　殿

社会保険労務士記載欄	作成年月日・提出代行者・事務代理者の表示	氏　名	電話番号
			（　　）　　－

給付、遺族（補償）給付、葬祭料（葬祭給付）の請求の際にも使用することができる。

3）メリット制への影響

　労災保険では、業種により災害リスクに応じた労災保険料率が設定されているが、実際には会社毎の企業努力等により同じ業種の中でも災害発生率は異なっている。保険料負担の公平性や労働災害防止努力の促進のため、その災害発生率を労災保険料率に反映させる制度がメリット制である。つまり、災害発生率が少ない会社については労災保険料率を減少させ、災害発生率が多い会社については労災保険料率を増加させるということを、一定の範囲内で行っている。

　副業を行う者に労働災害が起きた場合のメリット制への影響だが、当然ながら災害発生事業場のみメリット制へと加味されることとなり、災害発生事業場以外の事業場についてはメリット制への影響を受けることはない。また、複数業務要因災害の場合は、それぞれの事業場単体では労災の認定がされていないため、すべての事業場においてメリット制への影響を受けることはない。

企業として体制整備を考える際の事項

1 社員に副業を解禁する

　副業の基準は明確ではないため、副業を解禁する際には、どのようなことを把握する必要があるかを定義する。その上で、その内容に応じた収集すべき情報や運用ルールを検討し、個々の会社における副業制度を構築する必要がある。

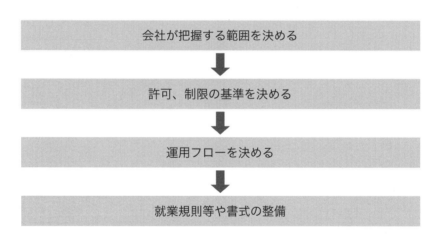

会社が把握する範囲を決める

↓

許可、制限の基準を決める

↓

運用フローを決める

↓

就業規則等や書式の整備

（1）副業の定義を定める
　副業の形は多岐に渡るが、大きく次の3つに分類することができる。
　①労働契約により、他の会社の指揮命令下で行う副業
　②業務委託契約等により、他の会社から報酬を受けて業務を行う副業
　③その他（投資、不動産収入、家業の手伝い等）

図表1　副業の形

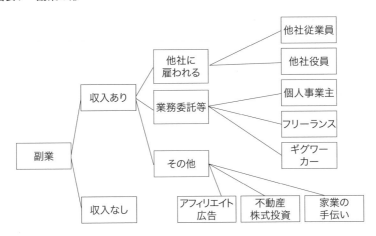

①による副業は、労働時間の把握が必要であることから、①による副業を社員が行うときは、会社がその内容等を把握する必要があると考えられる。

②による副業も、拘束される時間の度合いが比較的多く、内容によっては競業避止違反等の可能性があることから、②による副業を社員が行うときは、会社はその内容等を把握しておくことが望まれる。

③による副業は、副業の内容や種類に応じて、副業をして把握すべきか否かが異なる。「収入を得るための業」という広義の意味では、投資、不動産収入、ブログやSNSによる広告収入、ネットオークションでの取引等も副業に含まれ得る。しかし、それらは会社に損害を与える可能性や安全配慮の必要性が低いことが想定される。したがって、社内の副業制度においては、副業として取り扱う必要はなく、会社が必要以上の情報を収集することは逆に望ましくない。ただし、可能性が低いということだけであって、リスクが完全に排除されるわけではないことから、社名や会社のサービス・商品を用いたり、取引先と関

連したりする等、会社に関連するまたは事業等に影響を及ぼす場合は、副業として申告する必要がある旨を定めることが望まれる。

　会社は、社員に対して安全配慮義務を負っており、また、副業によって生じ得る競業避止違反や機密情報の漏えいに注意する必要がある。そのため、その義務を果たすためにも、また、リスクを回避するためにも、副業の内容等をどの程度把握する必要があるかを基準に、自社の副業の定義を定める必要がある。

（2）副業の制限・禁止

　会社へ報告される副業の中から、どのような副業を許可し、どのような副業を制限するかを検討する。ただし、会社が副業を制限するときには、その制限理由が合理的であることが求められるため、過去の判例からみた、以下のいずれかに該当し得るかを踏まえて検討する必要がある。

　①労務の提供上の支障がある場合

　②業務上の秘密が漏えいする場合

　③競業により自社の利益が害される場合

　④自社の名誉や信用を損なう行為や信頼関係を破壊する行為がある場合

　ここでは、雇用形態、業種、職種、勤続年数、労働時間等の様々な項目毎に検討を行う。

図表2　副業の検討例

項目	検討例
雇用形態	正社員は、副業におけるリスクが高いため許可制とし、パート・アルバイトは、届出のみで実施可能とする
業種・職種	研究職は、同業他社の研究業務での副業は禁止する

項目	検討例
勤続年数	入社１年目は自社での知識等習得を優先するため、副業時間を月●時間までに制限をする
労働時間	過去１年間に月60時間を超える時間外労働がある者の副業は認めない
勤務状態	私傷病により休職している者、復職後３か月以内の者の副業は、その負荷に応じて禁止することがある
その他	過去１年間に服務規律違反による懲戒処分を受けている者の副業は許可制とし、副業の範囲を制限することがある

　副業を禁止していた会社が副業解禁を検討する理由は、優秀な人材の確保、組織の活性化、社員の収入補填のため等、様々に考えられる。人事施策の１つとして副業を導入するのであれば、その目的を達成できる基準となるように検討する必要がある。

（3）手続フローの検討
　実際に運用するためのフローを検討する必要がある。

図表３　手続フロー

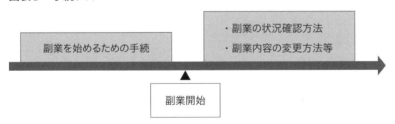

①　副業開始のための手続
　社員が副業を開始する手続として、届出制か許可制かに分かれる。副業の制限を少なくし、幅広く認める場合は届出制で足りるが、現状において副業を原則禁止としている会社は、まず許可制とし、それぞれの副業に対して許可するか否かを確認することから始めることが多い。

副業の諾否を判断するため、及び許可した後に必要となる情報については、副業開始の手続時に収集する必要がある。確認することが望ましい項目としては、「副業・兼業の促進に関するガイドライン」に次の記載がある。

図表4　副業の内容の確認事項

基本的な確認事項
①副業・兼業先の事業内容
②副業・兼業先で労働者が従事する業務内容
③労働時間通算の対象となるか否かの確認
労働時間通算の対象となる場合に確認する事項
④副業・兼業先との労働契約の締結日、期間
⑤副業・兼業先での所定労働日、所定労働時間、始業・終業時刻
⑥副業・兼業先での所定外労働の有無、見込み時間数、最大時間数
⑦副業・兼業先における実労働時間等の報告の手続
⑧これらの事項について確認を行う頻度

出典：厚生労働省「副業・兼業の促進に関するガイドライン（平成30年1月策定（令和2年9月改定））」

②　状況の申告

　労働時間通算の対象となる副業については、定期的に、社員から実労働時間等の報告を受けるようにする。労働時間通算の対象外であったとしても、安全配慮義務への対応として、副業による体調不良がないか、自社の業務負荷や労働時間を調整する必要がないか等、定期的に確認できる体制が必要となる。

　また、副業を人材育成の1つと考える会社においては、副業によって社員が得ていることを自社の業務で活かせるよう、バックアップを

行うケースも近年では見られる。

　上記のことから、通算が必要な労働時間、健康状況、その他副業の運用上必要な情報を、定期的に申告させる体制構築が必要となる。

③　変更時の手続

　副業内容の変更、副業の中止等があった場合には、それらを把握する必要がある。例えば、副業先との労働契約が変更となり、自社で定める基準を超えて労働している、あるいは、副業先で任される仕事が増えたことにより、競業避止にあたる業務内容に関わるようになった等、生じる可能性もある。そのため、副業の状況だけではなく、副業の届出内容に変更があった場合はその旨を届け出る等、変更手続についても事前に定めておく必要がある。

（4）就業規則やその他書式の整備

　（1）〜（3）で検討を行った制度については、就業規則等に明文化する。就業規則には、労働条件や社員が遵守すべき規律等を定めるため、副業の運用方法や、それに伴って社員が守るものについて定める。

　なお、就業規則は、社員へ周知することによって有効となるため、副業制度を定めた就業規則を社員へ周知することまでが必要となる。

重要　就業規則に定める副業制度

①	自社の副業制度における副業の定義
②	副業の制限事由
③	副業開始の手続
④	副業における服務規律と誓約事項
⑤	副業の労働時間管理の方法
⑥	副業の状況の確認方法
⑦	副業内容の変更手続
⑧	副業制度への違反時の対応

最後に、就業規則等への規定とあわせて、上記の副業制度の実際の運用に必要となる手続書類や誓約書（巻末の参考資料参照）を作成することで、運用を開始することができるようになる。

2 副業人材を受け入れる

　副業人材の受入れは、副業人材が行う業務に応じて、労働契約によって受け入れる必要があるのか、業務委託契約によって業務を委託することになるのかによって対応が異なる。

（1）労働契約により副業人材を採用する場合

　副業人材を受け入れる場合も、副業人材の安全に配慮するとともに、競業避止義務違反が生じないか等の対応が必要となるため、副業人材の副業状況について把握する必要がある。労働契約を締結して副業人材を採用する場合は、自社が後に労働契約を締結した会社になる可能性がある。労働契約を締結して副業人材を受け入れる場合は、労働時間の通算を行う必要が生じるため、会社が副業を認める場合と同様に、副業の内容や状況の把握等の対応を行うことが必要となる。

　副業開始を知らない本業先が社員の副業を知り、突然の退職や解約を余儀なくされる等、副業先であることによる思わぬトラブルに巻き込まれることも考えられる。

　本業を持っている副業人材を採用する場合は、本業先に副業を申告することを求めることが必要であろう。

コラム

ダブルワークの副業内容や労働時間の申告

　副業人材を採用する際、労働契約での受入れは、労働時間把握の煩雑さからか、まだまだ多くない。しかし、一般に「ダブルワーク」と呼ばれるパートやアルバイト等、多くの人がすでに短時間で複数の会社に雇用される働き方を行っている。このような働き方も、労働時間の通算による時間把握を行う必要があるが、短時間の雇用を希望することが多いパートやアルバイトは、社会保険や所得税法上の扶養の範囲内で働くことが多く、実務的には、労働時間を通算しても法定外労働が生じない、長時間労働とはなっていない可能性がある。

　しかし、会社は適正に従業員の労働時間を把握し、３６協定の遵守、時間外労働の上限遵守等の管理義務を負っているので、ダブルワークにおいても、副業内容や労働時間を申告させる体制を整えることが望まれる。

（2）業務委託契約等により副業人材を採用する場合

　そもそも業務委託契約とは、一定の業務を依頼し、その業務の対価として報酬を支払う契約を総称しており、法律上に定められる契約ではなく、請負契約や準委任契約の性質をもつものが多くみられる。

　業務委託契約等によって副業人材を受け入れる際には、独占禁止法、下請法に抵触しないこと、労働基準法上の労働者に該当しない実態であることに注意が必要となる。

図表5　事業者とフリーランスとの取引に適用される法律関係

事業者とフリーランス全般との取引
→独占禁止法が適用（競争政策）

実態が「労働者」
→労働法が適用

資本金1,000万円超の法人の事業者とフリーランス全般との取引
→下請代金支払遅延等防止法が適用（競争政策）

出典：内閣官房・公正取引委員会・中小企業庁・厚生労働省「フリーランスとして安心して働ける環境を整備するためのガイドライン」

　会社は、独占禁止法で規制される優越的地位の濫用に該当する行為は行ってはならない。また、下請法の適用を受ける場合には、下請法に定められる「契約内容について記載した書面を作成・交付・保存の義務」が生じるため、それらにあわせた対応が必要となる。

重要　図表6　業務委託契約等で締結すべき事項

業務の内容	業務や作業の内容、納品物の詳細、稼働工数等をできるだけ具体的に記載する
納期	成果物の納期、納品先（役務の提供である場合はその日や期間等）
報酬	報酬の額、支払期日、支払い方法、諸経費の取扱い等
納品	成果物の納品形式や方法、納品先、役務の提供である場合は提供の場所等
契約変更等	契約条件の変更や解除の事由やそれに関する取扱い等
検収等	成果物の検査に関する事項、成果物に瑕疵がある等、不完全であった場合や納入等が遅れた場合の取扱い等
その他	知的財産権の取扱い、業務上知り得た個人情報等の取扱い

　また、労働者か否かは実態をもって判断される。実質的に指揮命令を受けて業務に従事している場合には、契約が業務委託契約等であっても「雇用」に該当し、労働者として、労働関連法令が適用される。

その場合、上記（1）と同じく、会社には労働時間の把握をはじめとした、労働者に対する義務が生じることとなる。

【参考】
　「フリーランスとして安心して働ける環境を整備するためのガイドライン」（内閣官房・公正取引委員会・中小企業庁・厚生労働省）から見る労働基準法上の労働者か否かの基準
　労働者とは、労基法第9条に「職業の種類を問わず、事業または事務所に使用される者で、賃金を支払われる者」と定められている。労働基準法における労働者性は、業務が「指揮監督下」にあるか、報酬がその指揮監督下における「労働の対価」として支払われているかの2つの基準によって判断される。これらは使用従属性とよばれ、以下の基準が明示されている。

....

（1）「使用従属性」に関する判断基準
　①「指揮監督下の労働」であること
　a. 仕事の依頼、業務従事の指示等に対する諾否の自由の有無
　　具体的な依頼や指示があった場合に、諾否の自由が本人にあるか否かであり、例えば、依頼に対して病気等の特別な理由がない限り認められていないケースは、指揮監督関係を肯定する要素となる。
　b. 業務遂行上の指揮監督の有無
　　業務の遂行方法等、具体的な指揮監督があるか否かであり、業務が発注者の管理の元で、指示を受けて行われている場合はもちろん、当該契約で予定されている業務以外の業務に、発注者の指示によって従事することがある等も、指揮命令関係を肯定する要素となる。
　c. 拘束性の有無
　　一般的に、労働者に対しては、会社は勤務場所及び勤務時間を指定するが、それと同様の指定や管理が行われている場合、指揮監督関係を肯定する要素になる。ただし、業務の性質や、安全確保の必要性から、場所や時間を指定する必要が認められる場合は肯定要素とはならない。
　d. 代替性の有無（指揮監督関係を補強する要素）
　　本人に代わって他人が労務を提供する、または補助者を使うことが可能である場合には、指揮監督関係を否定する要素となり得る。
　②「報酬の労務対償性」があること

報酬が一定時間労務を提供したことに対する対価と認められる場合には、使用従属性を補強する要素となる。作業時間を基準に報酬が決定されている、仕事をしなかった時間に応じて減額される、労働者の残業のように、予定の業務を行うために追加で行った業務時間に応じて追加の報酬が支払われる場合があたる。

（2）「労働者性」の判断を補強する要素
　①事業者性の有無
　②専属性の程度

図表7　労働基準法上の労働者性チェック

内容	選択肢	回答	労働者性
業務の依頼	断ることが	できる	弱
		できない	強
業務の遂行	指揮命令が	ある	強
		ない	弱
	場所・時間の指定が	ある	強
		あるが、業務の性質等による	―
		ない	弱
	代替が	できる	弱
		できない	強
報酬の決定	労務の提供時間に応じて	いる	強
		いない	弱
その他（補強要素）	機械、器具、衣裳等の負担	会社（発注者）が負担	強
		個人（受託者）が負担	弱
	報酬の額が	高額	弱
		労働者と変わらない	強
	専属性が	高い	強
		低い	弱

3 副業人材の募集・採用

　副業人材を自社で新たに募集・採用するにあたっては、求める人材像を明確化することが重要となる。特に限られた時間での就労やその人材の持っている高い専門性の発揮を期待する場合には、漠然としたイメージではなく、より具体的な人材像を定めることが、採用の成否に大きく関係する。

　人材を必要としている業務の内容、その業務及び人材の役割や期待成果、業務を遂行するために必要な能力・経験などを明確にする。明確化された業務の難易度や必要な時間などにより、必要な人材の条件は異なり、業務を棚卸して細分化し、役割を限定することで、副業人材のような多様な人材が積極的に活用できるようになり、求人像の幅が広がる。応募者にとっても、求める人材の役割や能力が明確化されて、採用条件として提示されることで、応募の際の業務に関するイメージギャップの解消や不安軽減につながるものである。

　また、「何をやるべきなのか」、「何を期待されているのか」を明確にすると、採用後、副業人材は的確に行動することができるが、反対に業務における副業人材の役割と必要な能力が不明確な状況では、従来から長く勤務しているフルタイムの社員と比較して、限られた時間、機会、情報の中で行動に自信が持てず、生産性も低下することが想定できる。役割と能力の明確化では、抽象的な表現ではなく、業務の範囲を明確にした上で具体的に設定することが望ましい。

（1）採用目的・経営課題の明確化

　求める人材像を明確にしていくにあたり、会社にとって最も重要なことは、「なぜ採用するのか」という点である。副業人材を採用し、解決を図りたい重要な経営課題あるいは優先して取り組むことが望ま

れる課題が何であるのか、採用の目的を明確にしておく必要がある。「どんな課題に対して、何をしてもらいたいのか」が明確化できていないと、どのような人に来てほしいかが見えないためである。採用する側、採用される側の双方にとっても、自らの組織が向かうべき（向かいたい）方向性を共有できていることが重要なスタートラインであると考える。

　副業人材を適切に募集・採用するには、経営課題の明確化が必要である。例えば、組織が直面しがちな「忙しい」「人が足りない」「できない」の背景にある理由について仮説を立て、検証することで、経営・事業推進のボトルネックが明確になり、必要な人材像が定義しやすくなる。

図表8　経営課題の明確化

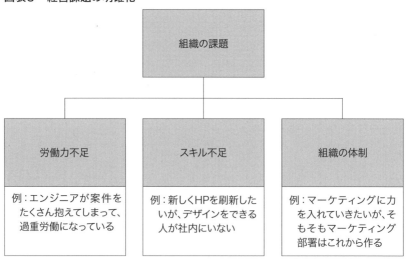

　経営・事業推進におけるボトルネックの抽出を行った上で、課題の本質を深堀りする。通常、解決に向けて複数の方向性があるが、即効性、革新性、コストなどを鑑みて、特に解決したい道筋を選ぶ。

図表9　課題の本質の深堀り

表出している課題	労働力が不足している		
	忙しくて現場が疲弊	業務が滞る	新しいことに挑戦できない
本質的な課題	労働力が不足している原因は？		
	認知や採用ブランド力が足りない	離職率が高く、定着しない	生産性が低く、人手がかかる
解決のための人材候補者	採用のプロ（採用広報、求人広告運用）	組織開発のプロ（制度設計、風土改善）	業務改善のプロ（マニュアル・フロー整備）

　副業人材に依頼する業務のタイプは、主に次の3つのタイプに分かれることが多い。

図表10　副業人材に依頼する業務形態

形態（タイプ）	特徴
タスク型	・従来の外注（アウトソーシング）的な仕事 ・作業内容や納品物、期間を明確に定める 例：バナーやロゴのデザイン、翻訳、ライティングなど
プロジェクト型	・中長期的に主体性を持って携わる仕事 ・業務範囲や成果物を明確にし、おおよその期間を定める 例：システム開発、キャンペーン実施など
ミッション型	・通常の在籍社員と同等の帰属意識や責任を持ち、同じ目線で働く仕事 ・ミッションに基づいた役割を遂行する 例：ブランディング、採用〜育成の人材開発など

（2）募集要項の検討

　依頼したい業務内容が固まったら、募集要項をまとめていく。基本的な項目は通常の雇用の求人要件と同じだが、副業人材の場合はそれに加えて、あらかじめ業務内容や成果物、稼働工数・量、期間や納期、就労場所などを具体的に示して、事前にしっかりとすり合わせておくことが望ましい。

図表11　募集要項の整理

項目	内容
会社情報	社名、業種・業態、事業内容、URLなど
ビジョン・ミッション	ビジョン、ミッション、企業理念、経営戦略、実現したいゴールや目標、経営者の想いや経歴など
担当	担当部署、職種、ポジション名など
業務の内容	主な業務の内容
期待役割・成果	背景課題、期待する役割、成果物（納品物）、想定される月間の業務時間、経営課題、現在の着手状況など
求める能力・経験	必須スキル・経験、望ましいスキル・経験など
期間	契約期間（雇用契約期間）、納期など
報酬	報酬予定額、諸経費の取扱い、支払期日、支払方法など
条件	就労場所、出社の頻度、契約形態、利用ツール・システム、知的財産権の取扱いなど

（3）求人方法の検討

　副業人材の求人方法は、契約形態による違いなどにより、おおよそ下記のように分類される。人材獲得競争の市場は、副業解禁の動向も受け、1社への長期の雇用意向を持つ人材を前提とした転職市場から、業務委託等を含まえた幅広い人材のマーケットへと拡がっており、人材獲得手法も多様化している。

図表12　求人方法の分類

求人方法	特徴	契約形態
自社が直接行う求人方法		
無料職業紹介 （ハローワーク等）	掲載・採用時の紹介料等が無料。様々な事業者が利用しているが、公的機関であり、かつ就職困難者を中心に支援する主旨から、すぐに人材が必要、あるいは即戦力となる人材を採用したい場合には、他の求人方法と併せて利用することが必要。	労働契約
有料職業紹介 （人材紹介、紹介予定派遣、ヘッドハンティング等）	経験者や専門人材をピンポイントで採用できる。人材紹介会社は求職者との連絡、日程調整、給与交渉などを代行する。費用は成果報酬型で、採用単価は高い。	労働契約
求人広告	求人サイト等に求人広告を掲載。費用は掲載料。求人サイトによっては、会員にダイレクトメッセージを送り応募を促すことができるものも増えている。	労働契約
自社求人ホームページ	自社の魅力に合わせた情報設計で、応募効果の向上が期待できる。「求人検索エンジン」等との組合せで、募集数を増やせるかがポイント。募集に成功できた場合、長期的には採用単価を大幅に下げることが可能。	労働契約 業務委託
SNS採用 （ソーシャルリクルーティング）	Facebook、Instagram、Twitterなど、利用料無料のSNSは、コストをかけずに、企業と求職者の双方向のやり取りが可能なため、人材獲得時のミスマッチを軽減する効果がある。中長期的なブランディングに有効。運用（投稿やフォロワー管理など）を継続して行う必要があるため、手間がかかる。炎上リスクがある。	労働契約 業務委託
リファラル採用	社員から知人を紹介してもらう募集方法。採用コストが抑えられ、転職潜在層にアプローチができることから、人物像のミスマッチが少ない。一方で、計画的な採用が難しい側面がある。	労働契約 業務委託
副業人材特化のマッチング事業者による求人方法		
再委託型	人材会社自身が、企業から求人業務を受託し、副業人材へ再委託を行う。人材会社が要件定義から業務の遂行まで行うため、当初の企業側の課題が明確でなくても対応可能。人材会社の対応範囲が多くなり、コストが高くなる傾向にある	業務委託
メディア型	広告メディアとして業務委託案件の募集情報を掲載。単なる業務の切り出しではなく、自社の課題や取組みを魅力的に伝えることが必要。広告掲載に費用がかかり、外部人材の応募がない場合もある。	業務委託

求人方法	特徴	契約形態
プラットフォーム型	プラットフォーム上で、企業と副業人材が業務委託案件の募集から契約締結まで直接行う。企業自ら課題や条件を整理し、自らの判断で人材を選定することが必要。企業、副業人材ともに、利用料を負担する場合がある。他類型と比較して、外部人材の採用コストは低くなる場合が多い。	業務委託
あっせん型	人材会社に対して、紹介された人材に対応した紹介料を支払う。人材会社が要件定義から業務の遂行まで行うため、当初の企業側の求める求人像が明確でなくても対応可能。人材会社からの紹介後は、自社で副業人材のマネジメントを行い、原則、企業と副業人材間にて業務を行う。	業務委託
フィールドワーク型	副業人材が企業を訪問し、企業課題や事業ビジョンを聴取することで、副業人材自らが課題の深掘りを行い、提案につなげる。フィールドワークをマッチングプロセスとして実施する。副業人材に興味を持ってもらうため課題だけでなく、創業の想いや背景などの共感要素を伝えることが必要。費用発生のタイミングは、フィールドワークの実施前、月額払いまたは企画料等の発生時等。	業務委託

　求める人材像を明確にして、そのターゲットに適した求人方法を選択する必要がある。

　副業人材の求人は、まだ従来の転職市場に十分に浸透していない部分もあるため、副業人材のマッチング支援サービスの利用は、企業側、副業人材の双方にメリットがあるともいえる。

【企業側のメリット】

・自社の事情に合わせた形態での契約が、スムーズに実施できる

・自社が求める副業人材候補と、多くのマッチングが図れる

【副業人材側のメリット】

・多くの情報を得ることにより、副業の選択肢が広がる

・得意分野や条件などに合わせた副業求人を探し出しやすい

・副業で起こりうる問題やトラブル、困りごとのサポートを受けられる

　中長期的には、副業人材も含めたすべての求人募集について、自社のミッションやビジョン、求める人材像を自社のホームページやSNS等で発信し、効果的な募集やブランディングが実施できることが望ましい。また、社員の副業許可や副業人材の受入れなど、自社で多様な働き方を促進していくことが、自社の採用力の強化にもつながると考えられる。

（4）副業人材の採用選考のポイント

　副業人材の採用選考においては、求人内容によって違いはあるが、従来型の正社員採用等で多くみられる「入社後の育成」や「組織への順応」に対して、過度に期待する選考基準は適切ではない可能性が高い。副業人材だからこそ、採用選考で特に判断するべき重要なポイントとしては、以下を考える。

①　企業の目指している将来ビジョンや課題への共感

　日々のコミュニケーションなどを通し、長い期間をかけて方針のすり合わせができる従来型の正社員とは異なり、副業人材とのコミュニケーションには限りがある。そのため、副業人材本人が元来持っている価値観と、企業の目指している将来ビジョンとの親和性、また、副業人材に解決してもらいたい経営課題への理解度、共感度の高さが重要になる。採用選考の中で、企業の理念やビジョン等といった企業の将来イメージを副業人材とすりあわせ、共感の有無を計っていくことで、採用のミスマッチを減らすことにつながる。また、企業が抱えている課題を可能な限り隠さず伝えることで、副業人材自身の活躍イメージを明確化させることも大切である。

②　期待する実務力・実行力の有無

　育成を織り込んだ従来型の正社員採用などとは異なり、副業人材においては即戦力を期待するため、その実務力・実行力について冷静な

判断が必要となる。学歴や職歴といった過去の経歴を鵜呑みにして判断するのではなく、現段階での実行力の見極めが重要になる。採用においては、現状の経営課題を伝え、それに対する具体的な提案をしてもらうことも有効である。

③　人柄・コミュニケーションスタイルなどの相性

　副業人材は、限られた時間の中で、社員と友好な関係性を築きながら仕事を進める必要がある。そのため、社員と円滑なコミュニケーションがとれそうか等、経営者・社員との相性についても念頭において判断することが大切である。

4　副業人材の報酬設計

　副業制度を導入した場合、短時間勤務（1日の所定労働時間や週の所定勤務日数の短縮）を前提として副業を認めるか、通常勤務（フルタイム）を前提として副業を認めるかによって、自社社員の副業期間中の賃金条件は相違する。通常勤務が前提の場合は、基本的には賃金条件の変更はないと考えられるが、短時間勤務が前提の場合は、賃金条件をどのように反映させるか検討が必要になる。また、副業人材を正社員の労働契約で受け入れる場合も、区分としては短時間勤務社員となる。

（1）基本給

　自社社員を、副業許可と併せて短時間勤務とする場合、または副業人材を短時間正社員として雇用する場合には、通常は所定労働時間に対する短縮時間に比例して、基本給等の減額率を設定することが考えられる。給与制度設計のポイントとして、通常勤務社員、短期間勤務社員双方の公平感と納得感が得られるかが大事になる。勤務時間が定

めx201dれた労働契約であれば、勤務時間自体に応じた報酬格差の設定は、公正で説得力の高い基準といえる。逆にいえば、職務内容そのものにほとんど差がない場合、短縮時間の割合を超えて給与の減額を行うことは、短時間勤務となる社員の納得感の観点から避けるべきである。

図表13　勤務時間区分別・基本給支給率表

【1日当たりの勤務時間による設定例】

勤務時間区分	基本給支給率
通常勤務社員（8時間勤務）	100%
7時間勤務（1時間短縮パターン）	87.5%（7時間／8時間）
6時間勤務（2時間短縮パターン）	75.0%（6時間／8時間）
5時間勤務（3時間短縮パターン）	62.5%（5時間／8時間）

【勤務日数区分別・基本給支給率表（1週間当たり勤務日数による設定例）】

勤務時間区分	基本給支給率
通常勤務社員（5日／週勤務）	100%
4日勤務（1日短縮パターン）	80%（4日／5日）
3日勤務（2日短縮パターン）	60%（3日／5日）

（2）諸手当

　諸手当は、手当の趣旨や支給基準を踏まえ、短時間勤務社員に対する支給額を検討する。

図表14　諸手当とその対応例

諸手当（例）	対応（例）
通勤手当、食事手当、宿直手当	労働日数が支給基準となっている手当のため、短日数勤務の場合には、労働日数に応じて支給する金額を検討する。出勤日数は変わらず、1日当たりの勤務時間が短い短縮勤務の場合も、勤務を要する時間帯が食事時間にかからない場合等は減額も考えられる。

諸手当(例)	対応(例)
職務関連手当 (役職手当、資格手当等)	手当の趣旨や目的を踏まえて支給金額を検討する。短時間勤務であっても、与えられた役職を担当しているのであれば、役職手当は変更しない。または、例えば、短時間勤務であることによって、役職の一部を担当しない等の事情がある場合は、役職手当を減額することも考えられる。
生活関連手当 (扶養手当、住宅手当等)	手当の趣旨を踏まえ、支給額は原則として減額しない。

（3）賞与

　賞与については、通常勤務社員と同じ支給基準とすることが基本である。基本給に人事評価に基づいた賞与係数を乗じて賞与金額を決定している場合、人事評価の結果が同じであれば、その賞与係数は同じである必要がある。この場合、基本給が労働時間に比例して減額されていることから、通常勤務社員よりも短時間勤務社員の方が賞与は低くなる。ただし、勤務時間が短いことを理由として基本給を減額するだけでなく、人事評価において勤務時間が短いことを理由に低い評価をつけるといった二重の減額がないように留意しなければならない。

　また、賞与制度には、基本給等に連動するものだけでなく、いくつかの支給方式が存在する。賞与制度の主な支給方式は以下である。

図表15　賞与制度の主な支給方式

	支給方式	メリット	デメリット
①	給与連動方式 給与の一部(基本給等)に、会社業績に基づく支給月数と、評価による係数を乗じて算出する方式	・シンプルな仕組みで、社員にとって理解しやすく、会社にとっても運用しやすい。	・給与が年功的に増えると、賞与も年功的に増えてしまう。
②	別テーブル方式 給与とは異なる算定基礎額を等級や役職ごとに定めておき、その算定基礎額に支給月数や評価係数を乗じて算出する方式	・給与(基本給)から賞与を分離できる(→年功色の排除)。	・支給額に細かいメリハリがつけづらい。

	支給方式	メリット	デメリット
③	ポイント制方式 等級・役職と評価結果に基づく「ポイント」を別に定めておき、当該ポイントに「ポイント単価」を乗じて算出する方式	・給与（基本給）から賞与を分離できる（→貢献度を反映しやすい）。 ・業績に応じて、ポイント単価を細かく調整できる。	・社員にとって分かりづらい（→支給水準を想定しづらい）。
④	裁量方式 部門ごとの業績に応じて一定の賞与原資を各部門に配分し、各部門長の裁量で部下への配分額を決定する方式	・評価制度ではくみ取れない細かい部分まで配慮した配分が可能になる。	・公平性を保ちづらい ・部門長に「ゴマをする」部下が出てくる恐れがある。

①　給与連動方式

　給与連動方式を導入している会社は、前述のとおり、基本給部分で報酬格差をつければ、賞与でも同様の報酬水準格差がつくため、賞与制度の部分で特別な設計をする必要はない。

【給与連動方式の支給例】

▶支給基準

　A評価：基本給の3.5か月分、B評価：基本給の3.0か月、C評価：基本給の2.5か月分

▶同じ評価結果の場合

通常勤務社員：B評価、短時間勤務社員：B評価

通常勤務社員	基本給 （1か月分）	基本給 （1か月分）	基本給 （1か月分）

週4日勤務（基本給は通常勤務社員時の80％）

短時間 勤務社員	基本給 （1か月分）	基本給 （1か月分）	基本給 （1か月分）

▶異なる評価結果の場合

通常勤務社員：C評価、短時間勤務社員：A評価

通常勤務社員	基本給 （1か月分）	基本給 （1か月分）	基本給 (0.5か月分)	

週4日勤務（基本給は通常勤務社員時の80％）

短時間 勤務社員	基本給 （1か月分）	基本給 （1か月分）	基本給 （1か月分）	基本給 (0.5か月分)

② 別テーブル方式

別テーブル方式を導入している会社は、基本給と賞与支給額が切り離された運用をしているので、等級や役職別の基準額に対して係数（基本給に乗じた係数と同様の数値）を乗じて、報酬格差を設定することが考えられる。

【別テーブル方式の支給例】

通常勤務社員（4等級の等級別基準額300,000円の場合）が、副業のため、週4日（週所定労働時間80％）の短時間勤務となった場合、4等級の等級別基準額は下記の計算の通りとする。

300,000円× 0.8 ＝ 240,000円

③ ポイント制方式

ポイント制方式を導入している会社は、基本給と賞与支給額が切り離された運用をしているので、等級や評価に応じて配分されるポイント数に対して係数（基本給に乗じた係数と同様の数値）を乗じて、報酬格差を設定することが考えられる。

【ポイント制方式の支給例】

　通常勤務社員（4等級、B評価の場合に170ポイント付与）が副業のため、週4日（週所定労働時間80％）の短時間勤務となった場合、4等級、B評価のポイント数は下記の計算のとおりとする。

　170ポイント×0.8 ＝ 136ポイント

④　裁量方式

　裁量方式を導入している会社は、柔軟性がある一方、何によって報酬格差がついているのか、分かりにくくなる恐れがある。評価結果（成果や能力等）による格差なのか、勤務時間による格差なのか、社員に説明がしづらく、納得性も高まらないことがある。

　なお、基本給については、勤務していない時間分を減額する事例が多いが、一方で成果に応じて支給されている賞与については、純粋に成果でもって判断し、必ずしも減額しないということも考えられる。社員の納得度、公平性を担保するために、賞与の配分はどのように実施するのが最適なのか、賞与の支給方式の選択と併せて検討をお勧めする。

（4）退職金

　退職金制度については、最終給与比例方式か、ポイント制退職金方式のいずれかの方式を適用している会社が多い。それぞれの場合で短時間勤務社員をどのように取り扱うのか、検討が必要である。

①　最終給与比例方式

　最終給与比例方式の場合、通常勤務社員と短時間勤務社員とでは基本給に差をつけることが多く、結果的に退職金にも差が生じてしまう。在籍期間すべてが通常勤務社員、あるいは短時間勤務社員であれば問題はないが、例えば、在籍期間のほとんどを通常勤務社員として勤務

して、退職前の数年のみ、副業を実施する短時間勤務社員として勤務した場合には、在職期間の大半であった通常勤務社員の期間は考慮されず、水準の低い短時間勤務社員の最終基本給で退職金を計算することになってしまう。逆に、短時間勤務社員である程度勤務していた社員が、最終的に通常勤務社員として退職した場合、水準の高い通常勤務社員の基本給で退職金を計算することもあり得る。これらは社員の納得感が得られにくく、公平性の観点で問題があり、社員の多様な働き方の推進にも影響が出てしまう可能性もある。

　最終給与比例方式を維持したままで、上記のような退職時が通常勤務社員であるか、短時間勤務社員であるかによって有利不利が出ないようにするためには、実務上の管理が煩雑になるが、在籍期間における通常勤務社員の期間と短時間勤務社員の期間との割合を用いて退職金を計算する方法が望ましい。

　計算の実例を以下に示す。計算の考え方は、通常勤務社員で退職する場合も、短時間勤務社員で退職する場合も、計算上の基本給は通常勤務社員の水準で考え、それに通常勤務社員の期間と短時間勤務社員の期間との割合から算定する乗率を掛けるものである。この方法であれば、退職時が通常勤務社員か短時間勤務社員かによらず、公平な計算方法であるといえる。ただし、管理や計算が煩雑になるので、最終給与比例方式を維持するよりも、ポイント制退職金方式への移行をお勧めする。

【最終給与比例方式を用いる場合の調整方法】

▶前提

・短時間勤務社員（週4日勤務）の基本給＝通常勤務社員時の基本給
　×80％

・通常勤務社員で勤務した期間10年、短時間勤務社員で勤務した期

間 10 年
- 勤務期間 20 年の退職金支給率 10.0
- 自己都合退職係数 0.8
▶ 退職時に通常勤務社員で基本給 40 万円の場合
　40 万円×｛(10 年＋ 10 年× 80%)／20 年｝× 10.0 × 0.8 ＝ 288 万円
▶ 退職時に短時間勤務社員で基本給 32 万円の場合
　基本給を通常勤務社員水準に換算　32 万円÷ 80% ＝ 40 万円
　40 万円×｛(10 年＋ 10 年× 80%)／20 年｝× 10.0 × 0.8 ＝ 288 万円

② ポイント制退職金方式

　ポイント制退職金方式の場合、通常勤務社員と短時間勤務社員の基本給比率を使って、通常勤務社員のポイントから短時間勤務社員のポイントを設定するのが妥当と考える。

【ポイント制退職金方式のポイント設定方法】
▶ 前提
- 短時間勤務社員（週 4 日勤務）の基本給＝通常勤務社員の基本給×
　80%

通常勤務社員	ポイント
5 等級	400
4 等級	300
3 等級	200
2 等級	150
1 等級	100

80%

短時間勤務社員	ポイント
5 等級	320
4 等級	240
3 等級	160
2 等級	120
1 等級	80

（5）人事制度の検討

　ここまで自社社員の副業解禁や外部からの副業人材の受入れにおいて、短時間勤務社員の枠組みを使用した報酬設計の実務対応について説明してきたが、今後、企業内で積極的な副業解禁や副業人材の受入れが進めば、多様な働き方の推進とともに、例えば、自社社員のキャリア形成の自律化やスペシャリスト人材の活用など、新たな人事の方向性が定まってくることも想定される。その場合、人事制度の枠組み自体についても、どのような制度が自社に適しているのか、改めて検討する必要があるかもしれない。

　日本の企業の主な人事制度の枠組みは、「職能資格等級制度」「役割等級制度」「職務等級（ジョブ型）制度」の３つがある。それぞれの特徴は以下の通りである。

図表16　日本企業の主な人事制度の枠組み

基準	「ヒト基準」	「仕事基準」	
制度	職能資格等級制度	役割等級制度	職務等級（ジョブ型）制度
概要	社員の職務遂行能力によって等級を格付ける	社員の担う役割によって等級を格付ける	一つひとつの職務の職務価値を基に等級を格付ける
イメージ	○○さんは４等級。なぜなら…		
	リーダーができる（能力がある）	リーダーをしている（役割を遂行）	○○開発のリーダーをしている（具体的職務を遂行）
メリット	・人事異動等のローテーションに適している ・要職に就かない人の動機づけがしやすい ・ゼネラリストの育成に適している	・要職に就く人の動機づけが一定レベルで可能 ・人件費コントロールが一定レベルで可能	・人材要件が明確で分かりやすい ・要職に就く人の動機づけがしやすい ・スペシャリストの育成に適している ・実際の貢献度に応じた適正処遇がしやすい ・人件費コントロールがしやすい

基準	「ヒト基準」	「仕事基準」	
制度	職能資格等級制度	役割等級制度	職務等級（ジョブ型）制度
デメリット	・年功的運用に陥りやすい ・要職に就く人の動機づけがし難い ・人件費コントロールがし難い	・職務の実態による同一役割内の差がつけにくい	・職務記述書のメンテナンスなど運用負荷が高い ・職務・組織が硬直化しやすい

　副業制度を導入し、自社社員の副業解禁、外部からの副業人材を受入れるにあたり、今まで以上に生産性の高い働きが求められる環境下でのこれからの人事課題として、貢献度に応じた、より公正な処遇、職務内容の明確化、専門人材の育成・活用等が想定される。前述の人事制度の枠組みの種類でいうと、副業制度の活用の推進は、職務等級（ジョブ型）制度との相性がよいといえる。今後、同制度の類型の増加が見込まれる。

　職務等級（ジョブ型）制度の報酬設計上のポイントとしては、社員の年齢に関係なく、自社への貢献度や職責に応じて報酬格差をつけることで、貢献・職責と報酬の不整合が生じないようにすることである。等級間で適切な格差をつけることで、社内で相対的に貢献度や職責が高い仕事を担う人材に相応の処遇を行い、動機づけをすることができる。また、社外報酬水準との整合も必要になる。

（6）副業人材を受け入れる場合の報酬

　副業人材を業務委託契約で受け入れる場合の報酬設計の考え方は、大きく分けて作業報酬と成果・貢献報酬の2つに分かれる。作業報酬とは、かけた工数に対して支払われる報酬を指す。成果・貢献報酬とは、工数によらず提示された成果や貢献に対して支払われる報酬を指す。いずれにしろ、職務内容を明確化して、期待値をきちんとすり合わせることが大切となる。

図表17　副業人材（業務委託契約）の報酬設計の例

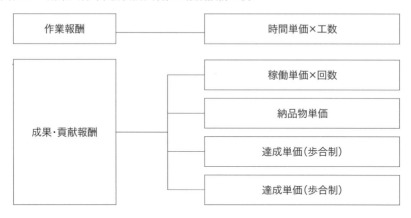

5 副業人材の人事評価

　副業により、短時間正社員となる場合も、フルタイム正社員のままの場合も、原則は同様の方法で人事評価を実施する。

　短時間正社員の場合、勤務時間が短いということだけをもって、人事評価を低くすることがあっては、生産性の高い短時間正社員の納得感は得られず、副業制度を利用しつつ、既存業務の生産性を維持・向上させようとするモチベーションが削がれてしまう。ただし、短時間正社員になるのに伴い、職務の内容とその職務に伴う責任の程度が変更された場合には、評価の基準を見直すことも考えられる。その場合は、当該社員の納得が得られるように、見直した人事評価基準をしっかり示しておく必要がある。

　人事評価の代表的な評価体系としては、業績評価と行動評価に区分される。自社の評価体系のあり方が、多様な働き方を選択する社員を受け入れる想定になっているかどうか、改めて確認が必要となってくる。

図表18　人事評価の評価要素と評価方法例

評価要素	1. 業績評価	2. 行動評価
	● 一定期間にあげた期待成果・業績を評価（定量・定性）	● 一定期間における期待行動の実践度や業務取組み姿勢を評価

評価方法	目標管理評価	発揮能力評価
	● 設定した目標に対する達成度を評価	● 成果に至るまでの必要な能力の発揮度を評価
	実績評価	意欲・姿勢評価
	● 評価期間の業務の成果自体を評価	● どういう意欲・姿勢で業務に取り組んだかを評価

　副業など多様な働き方を選択する社員が多く活躍する職場環境にしていくにあたり、時間的にも、物理的にも、コミュニケーションの機会は限られることが想定される。上司が業務の進捗管理や指示を事細かに行うマネジメント方法に依存するスタイルは向かない。求める役割や成果ベースの対話によるマネジメントが重要になると考える。

　業績評価について、目標管理による仕組みを取り入れている会社は多い。期初に各社員が当期に達成すべき目標（評価可能な指標と達成基準）を上司とすり合わせをして決定し、期中に上司と部下との間で進捗状況を確認しながら、目標達成を目指していく仕組みである。役割に応じた期待成果を明確にしていくことと目標管理評価の仕組みはマッチしやすいといえる。

　目標設定においては、特に何を（指標）、どこまで（達成基準）がしっかり定められており、上司と部下間ですり合わせの上、期待の合意がされていることが大切である。

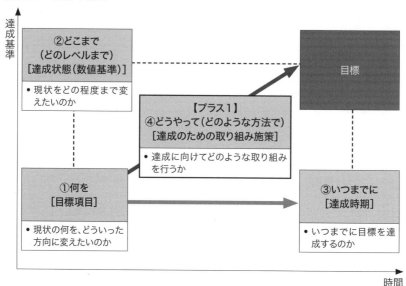

図表19　目標の構成

また、目標管理制度による目標は、中長期的な役割に応じた期待成果に向けて、短期的にどこまで達成すべきかの到達点を示すものといえる。

副業など多様な働き方を前提とした人事評価において、成果を重視した目標設定は、より重要になると考える。なお、成果重視とは必ずしも目標を定量化すべきという考えと一致するものではない。役割に応じた期待成果には定性的なものも含まれるはずである。自身の職務・役割がどのような内容で、何をもって成果とするのかが明確にされていて、上司と部下が共通認識を持てていることが大切になる。

図表20　目標と目的との関係性

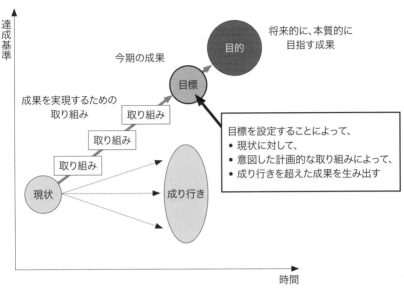

【参考】
定量目標と定性目標
▶定量目標・・・指標（必要に応じて計算式）を明らかにし、判断基準（数値化）して設定する。

　定量目標の設定事例　　指標＋数値で示す
　例：売上高30百万円、コスト削減額４百万円、生産性向上150円／時間、新卒採用７名　等

▶定性目標・・・「どのような状態になったときに、目標が達成されたのか」を質的に設定する。

　定性目標の設定事例　　ありたい姿の状態を示す
　①ありたい姿の条件、レベル、状況を記述する
　　例：今後○○のような環境変化が見込まれるが、現状売上高○○を維持する
　②望ましい条件、目標が達成されたときの状態を記述する
　　例：○○を実施することにより、○○の重複をなくす

③ねらいとする改善、革新の内容を記述する

　例：○○処理時間の短縮のため、○○マニュアルを○月○日までに完成させる

④望ましい結果を記述する

　例：○○処理ミスによる修正作業を、○○をすることにより発生させない

　行動評価は、その職務や役割を高いレベルで遂行する上で必要となる行動要件を基準化し、その発揮度合いを評価するものである。成果を出すためには、その成果を生み出すための職務行動がしっかりなされていることが非常に大切になる。行動評価を設計する上で重要なポイントは、評価基準が具体化されていることと分かりやすいことである。だが、業績評価と比較しても、行動評価はどうしても評価者による解釈の相違が出やすい。定期的な評価者研修や評価決定のプロセスの中での評価者間の解釈の目線合わせをしていくことは必須となる。また、評価のフィードバックを通じて、実際の各自の職務に照らした行動基準の目線が評価される社員にも浸透し定着していくことが重要である。

図表21　業績評価と行動評価の関係

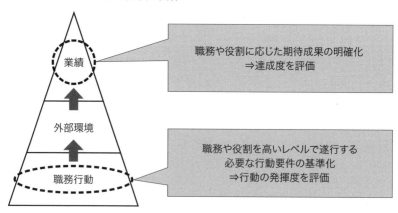

業績
外部環境
職務行動

職務や役割に応じた期待成果の明確化
⇒達成度を評価

職務や役割を高いレベルで遂行する
必要な行動要件の基準化
⇒行動の発揮度を評価

6　副業運用の継続（状況確認の方法（定期報告等））

　会社は、社員に副業を許可し、副業開始後に副業運用を継続するために、社員に対して必要な報告を求めていく必要がある。

　副業開始後に、社員に求める主な報告事項は下記が想定される。

▶副業先及び副業先における就労に関する情報（変更事項）

▶副業先での労働時間の情報

▶副業社員の健康管理の情報

（1）副業及び副業先における就労に関する情報（変更情報）

　会社は、副業許可申請書等に記載された内容を前提に、先に述べた「副業に対する制約」の観点から、副業許可の可否を判断している。そのため、いったん副業を許可した場合であっても、副業許可申請書等の記載事項に変更等があった場合には、社員に報告を求める等、会社は変更時または定期的に情報を取得する必要がある。もし変更事項等によって、不許可事由に該当することになった場合は、副業の許可を見直す必要がある。

　副業の運用にあたっては、労務提供義務、安全配慮義務、秘密保持義務、競業避止義務、誠実義務等を遵守できる状態であることが前提であり、許可後も継続的に留意する必要がある。

　以下の情報については、変更事項があった場合に、速やかに報告を求める必要がある。また、1年毎などの定期的なタイミングで、報告を求めることも望ましい。

・副業先の基本情報（会社名・事業内容）

　⇒秘密保持義務、競業避止義務、誠実義務に影響はないか

・副業の期間

⇒秘密保持義務、競業避止義務、誠実義務に影響はないか
・副業先の就労場所
⇒労務提供義務、安全配慮義務に影響はないか
・副業先の所定就労日、所定就労時間、所定始業・終業時刻
⇒労務提供義務、安全配慮義務、労働時間管理に影響はないか
・副業先の就労内容・役職等のポジション
⇒労務提供義務、秘密保持義務、競業避止義務、労働時間管理に影響はないか
・副業先の就労形態
⇒秘密保持義務、競業避止義務、労働時間管理に影響はないか

（2）副業先での労働時間の情報

　副業先で就労形態が労働契約の場合には、自社の所定外労働時間と副業先における所定外労働時間とを通算する必要があるため、副業先の労働時間の把握が必要となる。副業先の実労働時間は、副業する社員からの申告により把握する。副業先の実労働時間は、労働基準法を遵守するために把握する必要があるが、把握の方法としては、必ずしも日々把握する必要はなく、労働基準法を遵守するために必要な頻度で把握すれば問題ないとされている。

　例えば、次のような把握方法が考えられる。
・一定の日数分をまとめて申告する
（例：1週間分を週末に申告する等）
・所定労働時間どおり労働した場合には申告は求めず、実労働時間が所定労働時間どおりでなかった場合のみ申告する
（例：所定外労働があった場合等）
・時間外労働の上限規制の水準に近づいてきた場合に申告する

　実際の運用として、本業先および副業先において、労働時間の管理方式、実際の勤務状況、給与の締日・支払日との関係などを踏まえて、適切な報告頻度を設定する必要がある。

（3）副業社員の健康管理の情報

　会社は、副業社員としっかりとコミュニケーションをとり、副業社員が副業による過労によって健康を害したり、現在の業務に支障をきたしたりしていないか、確認する必要がある。副業する社員が、副業先での業務量や自らの健康の状況等について報告することは、会社による健康確保措置を実効性のあるものにする観点から有効である。

第4章

事例でわかる
副業に関する問題と
その対応方法

1 本業に支障が出る（副業による働きすぎを防止）

> **事例 1** 仕事のミスが多くなり、疲れている様子の従業員と面談したところ、収入補填のために深夜のコンビニでアルバイトをしていることが分かった。当社は副業を許可制としており、一定事由において副業を制限または禁止する旨の定めがあるため、当該副業の制限または禁止を検討しているが、具体的にどのような制限が可能か。

解説

本事例の場合、実際に自社の業務への影響が生じていることから、副業の制限または禁止を行う必要性があると考えられる。ただし、副業の制限は個々の状況に応じて検討する必要がある。労働時間に注目して、次の3つのケースで検討を行う。

（1）ケースA　時間外労働が多い場合

	自社	副業先
業種	製造業	コンビニエンスストア
雇用形態	正社員（フルタイム）	有期アルバイト
職種	事務職	接客
所定就業時間	9:00-18:00（8時間）	22:00-翌1:00（3時間）
所定休日	土日祝	日
過去6か月の平均所定外時間	45時間前後	なし

本ケースは、自社と副業先の労働時間を通算すると、恒常的に法定外労働時間が毎月80時間を超える過重労働になる。会社としては従業員の安全への配慮、及び自社労務提供への影響の観点から、副業の制限または不許可を行うことが妥当であり、この制限には合理性が認められると考えられる。

（2）ケースB　時間外労働が少ない場合

	自社	副業先
業種	製造業	コンビニエンスストア
雇用形態	正社員（フルタイム）	有期アルバイト
職種	事務職	接客
所定終業時間	9:00-18:00（8時間）	9:00-17:00（7時間）
所定休日	土日祝	日〜金 ※土曜日のみ勤務
過去6か月の平均所定外時間	月に5時間程度	なし

　上記ケースAの場合は、「月80時間を超える法定外労働が生じること」を原因として、禁止または制限を行うことが妥当と考えられたが、本ケースにおいては、自社における法定外労働も月5時間と少なく、副業先における労働時間も週1日、7時間であるため、時間外労働の過多を理由に副業を禁止または制限することは合理性に欠けると解される可能性がある。副業開始の申請時は副業を許可し、副業を継続する中で、自社や副業先での労働時間の増加や、本人の疲労の度合い等を鑑みて、副業の継続を認めるか否かを判断する対応が望まれる。

（3）ケースC　十分な休息が確保できない場合

	自社	副業先
業種	製造業	コンビニエンスストア
雇用形態	正社員（フルタイム）	有期アルバイト
職種	事務職	接客
所定終業時間	9:00-18:00（8時間）	22:00-翌6:00（7時間）
所定休日	土日祝	月〜土 ※日のみ勤務
過去6か月の平均所定外時間	なし	なし

　上記ケースBと同様に、週1日、7時間の勤務であるため、時間外労働の過多を理由とした禁止や制限は、合理性に欠ける可能性がある

が、ケースBと異なり、副業が日曜日に行われる点に留意する必要が
ある。つまり、本ケースでは、月曜日の朝6時まで副業先で勤務した
のち、十分な休息を取得できないまま、自社の勤務が始まることにな
る。週単位や月単位でみると健康への負荷はないが、その日単位でみ
ると従業員の健康を害し、自社の労務提供に支障をきたす可能性があ
る。このような場合は、働く曜日や時間を変更することや副業の中止
を求めることが妥当であり、当該制限には合理性が認められると考え
られる。

　従業員の健康への配慮の必要性や労務提供への影響の有無は、職種
や勤務状況によって異なる。個々の状況に応じて、制限や禁止に合理
性があるかを判断する必要がある。

　また、副業開始時のみの判断ではなく、副業の内容変更申請や定期
報告等による状況確認の際に、実態が予定していた労働時間を超える
場合には、変更の不許可や許可取消し等の対応も必要となる。

【参考】
　「マンナ運輸事件」（京都地裁判決　平 24.7.13）は、準社員として勤務する従
業員の副業申請を不許可としたことに対する違法性が論点となった判例。各申請
の不許可理由の妥当性に対して、次のとおり判断された。
▶自社での勤務状況

雇用形態	準社員
業務内容	運転手
勤務時間	13:00-24:00
休日	〜平成21年11月25日 日曜日(週6日勤務) 平成21年11月25日〜 水・日曜日(週5日勤務)
時間外の状況	勤務時間にほとんど変動はなく、予定外の仕事が入ることもほとんどなかった。

▶申請1

申請日	平成21年11月11日
申請内容	就業時間：8:30-12:00（3.5時間/日） 業務内容：構内仕分け作業
不許可の理由	自社で時間外労働が生じており、副業により長時間労働となるため
勤務の状況	平成21年5月〜9月 月間労働時間　262.5時間〜283.5時間
不許可の合理性	○
裁判の判断	「疲労や寝不足のために交通事故等を起こし、被告の業務に重大な支障が生じるのみならず第三者にも多大な迷惑を掛けることになるものであるから、適切な休息時間の確保は、労務提供にとって極めて重要な事項である」とし、許可の基準として、副業終了後自社の勤務開始までの休憩時間が6時間を切る場合には不許可とするルールは合理性があり、当該申請を不許可としたことには合理性があるとした。

▶申請2

申請日	平成22年9月1日
申請内容	就業時間：1:00-5:00（4時間/日） 業務内容：構内仕分け作業
不許可の理由	・夜間を走行する運転手であり、すでに時間外労働が発生していることから、過労による事故発生の危険があるため ・副業先は同業他社であり、機密漏えいの恐れがあるため
勤務の状況	平成22年4月〜10月 月間労働時間　219時間10分〜239時間20分
不許可の合理性	○
判例	すでに毎月の実働時間が230時間程度であり、副業によって長時間労働になると、過労が懸念される。また、副業先の「アルバイト就労時間数を加えると、1日当たり、15時間もの労働をすることになり、社会通念上も過労を生じさせるというべきである」とし、当該不許可には合理性があるとした。

▶申請3

申請日	平成22年11月12日
申請内容	就業時間：10:00-14:00（4時間、日曜日のみ） 業務内容：構内仕分け作業
不許可の理由	・夜間を走行する運転手で、すでに時間外労働が発生していることから、過労による事故発生の危険があるため ・副業先は同業他社であり、機密漏えいの恐れがあるため
不許可の合理性	×
判断の基準	当該会社の働きすぎの基準は実働293時間とされていたが、週1回4時間の副業を行ってもその基準を超えることはない。副業による企業機密漏えいの危険に対しても具体性がなく、同業他社でも職種が異なるため、企業機密を漏えいすることは想定しづらいことから、当該不許可に合理性はないとした。

▶申請4

申請日	平成23年1月29日
申請内容	就業時間：18:00-21:00（3時間、日曜のみ） 業務内容：ラーメン店にて接客・皿洗い
不許可の理由	夜間を走行する運転手で、すでに時間外労働が発生していることから、過労による事故発生の危険があるため
不許可の合理性	×
判断の基準	当該会社の働きすぎの基準は実働293時間とされていたが、週1回4時間の副業を行ってもその基準を超えることはないため、当該不許可に合理性はないとした。

2 労務管理が煩雑になる

> 事例
> 2
> 他の会社に雇用される副業を認め、副業先の労働時間については、書面で毎月申告させているが、労働時間の通算が複雑で、36協定を遵守できているか分からない。今後も副業は幅広く認めたいが、労務管理のオペレーション負荷を軽減できる方法はないか。

解説

　雇用型の副業においては、労働時間の通算を行う必要が生じるため、会社のオペレーションが煩雑になる。労働時間の通算を行うシステムの利用も考えられるが、まずは管理モデルによる労働時間把握の運用を検討する。

　第3章「企業の人事労務担当者として知っておくべき事項」の「2　労働時間の把握」で解説したとおり、管理モデルを採用する場合は各社が時間外労働の上限を設け、事前に定めた上限の範囲内であれば、双方の会社ともに労働時間を通算して労働時間管理を行う必要がなくなり、法令を遵守できることになる。

　フルタイムで働く従業員が副業を行った場合、副業先での労働時間は法定外労働時間となる可能性が高いため、事前に自社の時間外労働と副業先の労働時間の上限を設定し、その範囲を遵守すれば、お互い煩雑な労働時間管理がなくなるという利点がある。

　実際の運用には、従業員に対して管理モデルによる労働時間管理を求め、従業員と副業先（従業員を通じて運用を求める）がそれに応じ、それぞれにおける上限を設定する流れとなる。

図表1　管理モデルによる運用の流れ

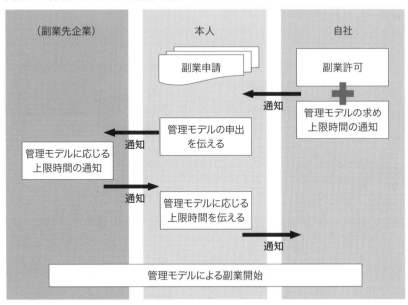

（1）ケースA　管理モデルによる運用（正社員）

	自社	副業先
雇用形態	正社員（フルタイム）	有期アルバイト
所定就業時間	9:00-18:00（8時間）	19:00-22:00
所定休日	土日祝	金〜火 ※水木のみ勤務
所定外労働の状況	平均20時間/月	なし

　フルタイムで働く従業員から、水曜日と木曜日に1日3時間の副業を行いたいと申請があったケースを例とする。副業の申請を許可する際に、管理モデルによって労働時間管理を行うことを従業員へ求め、自社における法定外労働時間を通知する。上限時間の設定については、時間外労働の上限内であること以外に法律の制限はないが、過去の時間外労働の実績や副業先での労働時間を勘案して検討する。例えば、過去半年の所定

外労働が平均20時間／月、過去1年間遡っても所定外労働の最長は25時間／月だった場合、自社の時間外労働の上限を25時間／月と設定し、その旨を従業員へ通知し、当該内容については従業員を経由して副業先へ伝える（副業開始後に導入する場合には、従業員と副業先が当該運用に応じる。）ことで運用を開始することができる。このように、管理モデルによる運用を行った結果、自社は月の時間外労働が25時間以内とする管理のみで足り、副業先の労働時間の把握・通算を行う必要がなくなる。

　なお、副業先とのトラブルを避けるために、管理モデルを運用するにあたっての必要な情報は、書面等によって共有することが望まれる。

（2）ケースB　管理モデルによる運用（パート勤務）

	自社	副業先
雇用形態	パート勤務	有期アルバイト
所定就業時間	9:00-14:00（4時間）	16:00-19:00（3時間）
所定休日	土日祝	土日祝
所定外労働の状況	1日1時間以内で各日において発生	なし

　パート勤務の従業員から1日3時間の副業を行いたいと申請があった場合、自社での労働が1日4時間であるため、副業先の所定労働時間を含めても1日8時間1週40時間に収まる。このようなケースにおいては、副業先の労働時間をすべて法定外労働時間として取り扱う管理モデルは不向きに思える。しかし、日毎の労働時間の上限を各社で定めることによって、フルタイムではない従業員の副業でも簡便な労働時間管理を実現することができる。

　なお、管理モデルを採用していたとしても、次の要件を満たしている場合は、法定内労働時間に収まる副業先の労働時間を法定労働時間内として取り扱うことが認められている。

　①副業先が、自社における日毎の労働時間を把握していること

②自社の日毎の労働時間と副業先における労働時間を通算しても、
　法定労働時間の枠に収まる部分が明確となっていること

　したがって、日毎に各社の上限時間を定めることにより「労働時間を通算しても法定労働時間の枠に収まる部分を明確」にすれば、管理モデルによって労働時間の把握を簡便にしつつ、副業先における一定時間を法定内労働時間として取り扱うことが可能となる。

　ケースBの場合、自社で所定外労働は生じるものの、1日1時間を超えることはないため、1日の上限時間を1時間として設定するとする。自社での労働時間は、所定労働時間4時間に所定外労働時間1時間の合計1日5時間となる。つまり、副業先は毎日1時間の所定外労働時間があるものとして労働時間管理を行うこととなるが、副業先においては、日々の所定労働時間（1日3時間）は法定内労働時間として取り扱うことが可能となり、それを超える労働時間はすべて法定外労働時間として取扱い、当初申し出た上限時間（1日3時間と所定外労働1時間等）の範囲内の労働となるように管理を行うことで、日または週の各社の労働時間を把握・通算する必要がなくなる。

図表2　管理モデルによる労働時間の通算方法

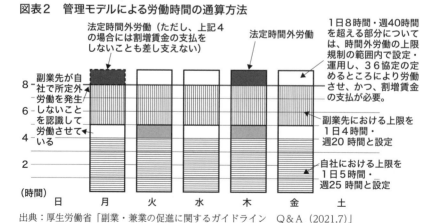

出典：厚生労働省「副業・兼業の促進に関するガイドライン　Q&A（2021.7）」

コラム

管理モデルで設定できる上限時間

　管理モデルで設定する上限時間は、自社の法定外労働時間と副業先の労働時間（所定労働時間と所定外労働時間の合計）が以下の範囲であることが必要である。

・時間外労働と休日労働の合計が月100時間未満
・時間外労働と休日労働の合計が2～6か月の平均80時間以内

　当該時間は、各月で異なる運用を行うことも可能である。したがって、繁閑に合わせて各月の上限を設定することもできる。また、設定された上限時間を変更することも可能であるが、変更の可能性がある場合はその旨を事前に通知し、変更の方法について定めておくことが望まれる。

　上限時間は、副業における煩雑な労働時間管理を簡便にした上で、法令を遵守する最低限の基準として設けられている。したがって、当該基準内であれば副業が認められるべきであるとは一概にはいえないことにも注意が必要である。

　労働者の健康の確保やゆとりある生活の実現の観点から、労使で十分に話し合った上で、長時間労働とならないよう、健康に配慮した上限時間の設定を行うことが求められる。

　人事制度の１つとして副業を活用したいと検討を進めているが、単に副業を解禁しても長時間労働を助長させるだけではないかと懸念している。多様で柔軟な働き方として副業を活用するためには、どのような対応モデルが考えられるか。

解説

　働き方改革において、副業は「柔軟で多様な働き方」の１つと位置付けられている。他に、テレワーク、フレックスタイム制度、時短勤務等が同じようにある。これらは個別に運用するより併用することで、より柔軟で多様な働き方を実現することが可能となる。副業制度を導入することによって、長時間労働となることが懸念される場合は、フレックスタイム制度や時短勤務を合わせて導入することが有効となる。

（１）パターンA　副業×フレックスタイム制

　必ず労務の提供を行わなければいけない時間が定められているその他の労働時間制度と異なり、フレックスタイム制度においては、業務の繁閑に応じて日と週の労働時間を本人が調整できるため、無駄な労働時間の削減を期待することができる。したがって、時間外労働を削減したその時間で、副業を行うことが可能となる。

　図表３のように、月曜日と水曜日は早く終業できる実態がある場合、フレックスタイム制度においては、終業時刻を本人に委ねていることから、その場合は早く終業し、他の日との労働時間の調整が可能となる。労働時間を増加させることなく、副業時間を捻出することができる。

図表３　フレックスタイム制度による労働時間の調整

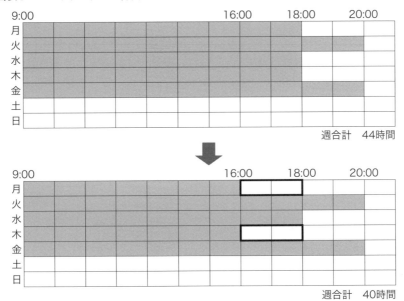

（２）パターンＢ　副業×週休３日制

　時短勤務の働き方において、週休３日制の導入は検討される機会が増加している。これは、フレックスタイム制度と同様に、労働時間を短縮することで、副業を行う時間的な余地をつくるものである。週休３日制は、各日の労働時間はそのままで休日を増やすことによって労働時間を短縮するものと、休日を増やしたことによって減少する労働時間分を各日の労働時間を延長することで総労働時間は減少させないものの、主に２つのパターンに分かれる。前者は、労働時間を減らすことを目的とする場合に採用されることが多く、労働時間を短縮することで副業時間を捻出する。後者は業務のメリハリをつけることを目的とする場合に一般的に採用される。労働時間の合計は変わらないため、長時間労働の懸念は払拭できないが、休日が１日増えることによ

り、副業の機会を増やすことができる。

　副業制度導入時には、過労に繋がるような長時間労働を発生させないよう、労働時間を短くすることは重要な検討事項である。しかし、従業員が業務の効率を上げて実際の労働時間を短縮する働き方を行わなければ、結果として労働時間は短縮されないため、会社は制度の導入と合わせて生産性を高めるための体制構築を行い、柔軟で多様な働き方を有効に活用することが必要である。

図表4　各日の労働時間はそのまま、休日を増やすパターン

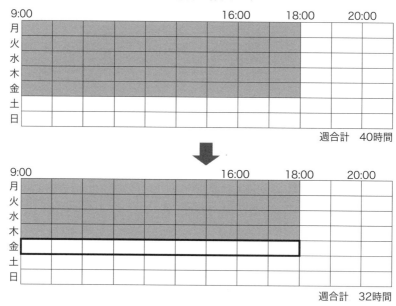

図表5　休日を増やした分、各日の労働時間を延長（変形労働時間制度を適用）するパターン

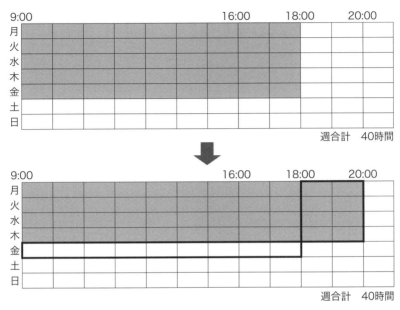

事例
4
当社は法定休日を日曜日と定めているが、従業員から日曜日のみ副業を行う申請がされた。法定休日に副業を行うことは問題ないか。

解説 ....

　副業は、雇用されている会社の休日、休暇、休業中に行われるケースが多い。それぞれの趣旨に応じて対応が異なるが、副業の制限や禁止は一律に行うことができない。いずれの場合においても、状況に応じて制限や禁止に合理性があるかを個別に判断することが必要である。

（1）法定休日の副業

　労働基準法第35条において「使用者は、労働者に対して、毎週少なくとも一回の休日を与えなければならない」と定められており、会社は法定休日を与える義務がある。しかし、労働時間の通算は労働時間規制に関する定めであり、休日に関する定めは通算されない。したがって、会社は法定休日を与えることで足り、その日に従業員が副業をしたとしても、会社が法令違反となることはない。

　なお、休日も労働時間外であるため、休日をどのように使うかは、原則従業員の自由となる。したがって、会社が合理的な理由なく制限や禁止を行うことはできないと考えられる。

（2）年次有給休暇取得日の副業

　年次有給休暇は、労働者の心身の疲労を回復し、ゆとりある生活を保障するために付与されるもので、休暇をどのように利用するかは、労働者の自由とされている。したがって、副業することを目的に申請された年次有給休暇を、「副業」だけを理由に制限することはできず、年次有給休暇取得日の副業実施を、何の理由もなく禁止することはできないと考えられる。

（3）私傷病休職中の副業

　休職は、会社毎に定めるルールによって運用される。一般に私傷病に対する休職は、傷病を治癒させるために労務の提供を免除することを目的とする。そのため、休職期間中は「傷病の治癒に専念すること」等が就業規則に定められていることも多い。その趣旨から考えると、休職中に療養を阻害するような副業を行うことは、誠実義務違反となる可能性がある。したがって、会社は私傷病休職中の副業を制限または禁止し、申請があったとしても不許可とすることができると考えられる。

（4）育児・介護休業中の副業

　育児休業及び介護休業は、「育児・介護休業法」に定められる休業であり、労働者から請求があった場合に、会社は必ず取得させなければならないものである。私傷病による休職と同様に、育児や介護のために労務の提供を免除されているが、育児・介護休業は法律で「不利益な取扱いを禁止」されている。そのため、育児・介護休業を取得していることのみを理由に副業を禁止することは、この不利益な取扱いに当たる可能性がある。

　ただし、通達で「育児休業期間中他の事業主の下で就労することについては、本法上育児休業の終了事由として規定してはいないが、育児休業とは子を養育するためにする休業であるとしている本法の趣旨にそぐわないものであると同時に、一般的に信義則に反するものと考えられ、事業主の許可を得ずに育児休業期間中他の事業主の下で就労したことを理由として事業主が労働者を問責することは、許され得るものと解されること。」（平 21.12.28　職発第 1228 第 4 号、雇児発第 1228 第 2 号）と示されており、育児休業中の副業は育児休業の趣旨と一般信義則に反するため、懲戒処分を行うことは認められると考えられる。したがって、育児休業及び介護休業を取得していることを理由に、副業を禁止・制限することはできないが、その内容に関してはその状況を鑑みて制限を行うことが求められる。

事例 5
入社前の内定者が副業を開始することになった。入社後に生じる労働時間の通算において、どちらの会社との契約が、所定労働時間が先となる労働契約となるか。

解説

　労働契約を「締結」した前後が基準となるため、勤務開始日が副業先の方が先であっても、労働契約の締結が先であれば、そちらが「労働契約を先に締結した会社」となる。会社の募集に対して求職者が応募することが労働契約の申込みとなり、それに応じた採用（内定）通知により労働契約は成立しているものと考えられるため、入社前であっても内定を出した会社が労働契約を先に締結した会社となる。

事例 6
当社は小売業で、ダブルワークを行っているアルバイト社員が多数存在する。副業は申請による許可制としているが、積極的に副業の把握は行っていない。労働時間の通算の必要があることは認識しているが、このまま継続する場合どのようなリスクが考えられるか。

解説

　現在のように副業が注目される以前から、一般に「ダブルワーク」といわれる副業は多く存在していた。小売業をはじめとした、短時間の働き方をメインとするパート・アルバイトを多く採用する業種において、ダブルワークの労働時間管理が以前から問題視されていたが、労働時間管理の煩雑さから、労働時間の通算による割増賃金や３６協定の遵守の問題が顕在化することは多くはなかった。
　「副業・兼業の促進に関するガイドライン」では、副業先の労働時

間の把握は自己申告を前提とすることが明記されている。したがって、副業を申請するルールがあるにも関わらず、本人が申告していないような場合は、会社はある程度の免責を受け得る可能性もあるかもしれない。しかし、これまで結果的に見逃してしまっていたダブルワークに対して、副業は申請によって許可されるものだという主張がどこまで通るかは疑義が生じる。副業がひとつの働き方になろうとしている今、会社における副業の把握は必須であり、パート・アルバイトであっても副業における管理は行う必要があるだろう。

　労働時間の通算管理を行っていない場合の賃金未払いのリスクは、労働時間に対する通常の賃金は支払われていることから、25％（60時間超えの場合は50％）分の割増賃金である。賃金債権の時効（現在3年間）が将来5年になることも鑑みると、金額のインパクトとしても決して軽視することはできない。正社員の副業が注目されているが、見逃してしまっていたダブルワークの副業も、あらためて整理を行って管理を行う等、管理体制を見直す必要があるだろう。

3 情報漏えいのリスク

事例7 働き方や生き方が多様化する中、副業を解禁する企業が増えてきた。最近、自社でも、社員から「副業をしたい」との申出があったので、本格的に検討を始めたいと考えてはいるが、リスクを感じて二の足を踏んでいる。特に、自社の商品やサービス等に関する情報漏えいを心配している。解禁にあたって、就業規則の整備など、どのような点に注意すればよいか。

解説

　自社で雇用する社員に副業を認めることによるデメリットの1つとして、情報漏えいリスクがある。

　ここで判例を1つ紹介しておきたい。古い判例ではあるが、秘密保持義務に関する判例であり、社員の秘密保持義務違反に対する懲戒処分の考え方として参考にできる。

在職中の秘密保持義務に関する裁判例

○古河鉱業事件（東京高判昭和55年2月18日）

　労働者は労働契約に基づき労務を提供するほか、信義則により使用者の業務上の秘密を守る義務を負うとしたうえで、会社が機密漏洩防止に特段の配慮を行っていた長期経営計画の基本方針である計画基本案を謄写版刷りで複製・配布した労働者に対する懲戒解雇を有効と判断した事案。

出典：厚生労働省「副業・兼業の促進に関するガイドライン　わかりやすい解説」

　厚生労働省の「副業・兼業に関するガイドライン」の中でも、以下のような記述をもって、情報漏えい防止のための実務上の対応例が示されている。

イ　秘密保持義務

　労働者は、使用者の業務上の秘密を守る義務を負っている（秘密保持義務）。

　副業・兼業に関して問題となり得る場合としては、自ら使用する労働者が業務上の秘密を他の使用者の下で漏洩する場合や、他の使用者の労働者（自らの労働者が副業・兼業として他の使用者の労働者である場合を含む。）が他の使用者の業務上の秘密を自らの下で漏洩する場合が考えられる。

　このため、

・就業規則等において、業務上の秘密が漏洩する場合には、副業・兼業を禁止又は制限することができることとしておくこと

・副業・兼業を行う労働者に対して、業務上の秘密となる情報の範囲や、業務上の秘密を漏洩しないことについて注意喚起すること

等が考えられる。

出典：厚生労働省「副業・兼業の促進に関するガイドライン　平成30年1月策定（令和2年9月改定）」

　上記の判例及びガイドラインからも、会社の実務上の対応としては、社員が情報漏えい等を故意に行った場合などは、懲戒処分の対象となる旨を就業規則に定めるとともに、抑止効果も期待して、内容を周知しておくことが重要であることがわかる。

　その際、情報漏えいを行った社員本人のみではなく、その上長の管理責任も問えるように定めておくことで、社員に広く意識付けを行うことに加えて、会社がより厳格な管理を社員に求めていることを意識づける効果があると考える。

　就業規則については、厚生労働省の「モデル就業規則」の中で、以下の規定例が示されている。

> （懲戒の事由）
>
> 第66条　労働者が次のいずれかに該当するときは、情状に応じ、けん責、減給又は出勤停止とする。
>
> （注：①〜⑥省略）
>
> 2　労働者が次のいずれかに該当するときは、懲戒解雇とする。ただし、平素の服務態度その他情状によっては、第51条に定める普通解雇、前条に定める減給又は出勤停止とすることがある。
>
> （注：①〜⑫省略）
>
> 　⑬　正当な理由なく会社の業務上重要な秘密を外部に漏洩して会社に損害を与え、又は業務の正常な運営を阻害したとき。
>
> 　⑭　その他前各号に準ずる不適切な行為があったとき。

出典：厚生労働省労働基準局監督課「モデル就業規則（令和3年4月版）」

　また、上長の管理責任も問えるよう、以下について定めることも重要となる。

> （管理監督責任）
>
> 第●条　本章に定める懲戒の対象となった従業員の非違行為について、上長の管理監督責任が問われる場合においては、当該上長についても、本章に定める懲戒の対象とすることができる。

　さらに、情報漏えい事故が発生した場合の懲戒処分内容が十分伝わるよう、誓約書（巻末の参考資料3参照）を用意して、社員に署名してもらうことが重要となる。署名することで、当該社員に、誓約書の内容をより強く意識付けることになる。

事例8　自社で雇用している外国人から、副業の許可申請があった。自社の就業規則における秘密保持に関する考え方や懲戒処分等について、十分に理解してもらいたいが、本人から「就業規則の文章は難しく、理解できない」との訴えがあった。日本語が得意ではない外国人社員に、どのような就業規則を用意すれば、内容を周知することができるか。

解説 ……………………………………………………………………

　昨今の雇用実態を踏まえ、外国人労働者への対応も準備しておきたい。外国人労働者に、日本の懲戒制度の理解を促すことはかなり難しいため、就業規則においても、できるだけ平易な表現を使用し、理解しやすいものにすることが重要である。第3章でも一部紹介しているとおり、厚生労働省が公表している外国人向けの就業規則の記載内容を参考にしたい。

　事例7のように、就業規則や社内規則で、社員への意識付けを行うことは必須だが、外国人労働者に適用する就業規則は、基本的に日本人労働者に対するものと同一で問題ない。

　とはいえ、自社のルールについてしっかりと理解してもらえるよう、外国人労働者にも配慮することにより、後日の「言った・聞いていない」等のトラブルを防ぐことが期待できる。

（懲戒の事由）（罰を与える理由）

第66条　働く人が次の①〜⑥のどれかに当てはまるときは、その内容によって、第65条で決めたけん責、減給、出勤停止のどれかにします。

（注：①〜⑥省略）

2　働く人が次の①〜⑭のどれかに当てはまるときは、会社は、その

人を罰として会社を辞めさせます（懲戒解雇）。しかし、その人のいつも働くときの態度やその他の内容によっては、第51条で決めた普通に辞めさせる（普通解雇）や、第65条で決めた給料を減らす、会社に来させない、という罰に変えることもあります。

（注：①〜⑫省略）

　⑬　正当な理由がないのに、会社の仕事で重要な秘密を会社以外の人に漏らして、会社に損をさせたり、会社の正常な仕事のやり方のじゃまをしたりしたとき

　⑭　その他、①〜⑬と同じようなよくない行動をしたとき

出典：厚生労働省職業安定局外国人雇用対策課「モデル就業規則（やさしい日本語版）令和3年3月」

> **事例 9**　情報漏えいに関する事件がしばしば報道されるが、自社で副業を解禁する場合、インターネットを活用するサービスやパソコン等を使って業務を行う以上、何らかの対策をしなくてはいけないと思っている。情報セキュリティの構築や対策強化が重要だと聞くが、具体的にどのようなことを行えばよいか。

解説 ....

　事例7・8のように、就業規則や社内規則で、社員への意識付けを行うことは必須だが、会社としては、情報漏えいを防ぐための物理的な対策も取っておきたい。

　経済産業省では、経営者が情報セキュリティ向上に取り組むための枠組みとして、「情報セキュリティガバナンスの概念」を示している。この概念は、雇用する社員に副業を認めるか否かに関わらず、高度にネットワーク化された社会で活動していく企業において必要な概念で

あり、参考にしたい。

　なお、「情報セキュリティガバナンス」とは、「コーポレート・ガバナンスと、それを支えるメカニズムである内部統制の仕組みを、情報セキュリティの観点から企業内に構築・運用すること」と定義されている。

図表6　情報セキュリティガバナンスの概念

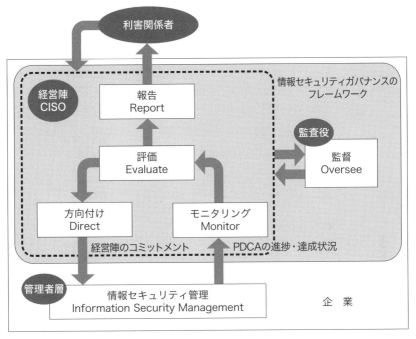

出典：経済産業省「情報セキュリティガバナンスの概念」（URL：https://www.meti.go.jp/policy/netsecurity/secgov-concept.html）

　また、中小企業の情報セキュリティ対策の強化を支援する、独立行政法人情報処理推進機構による「情報セキュリティガイドライン」において、中小企業が実行すべき重要7項目について示されているので、こちらも紹介しておきたい。

中小企業が実行すべき重要7項目

取組① 情報セキュリティに関する組織全体の対応方針を定める

　　　自社に適した情報セキュリティに関する基本方針を定め、宣言する。自社の経営において最も懸念される事態は何かを明確にすることで具体的な対策を促し、組織としての方針を立てやすくなる。

取組② 情報セキュリティ対策のための予算や人材などを確保する

　　　情報セキュリティ対策を実施するために、必要な予算と担当者を確保する。情報セキュリティ対策には高度な技術が必要なため、専門的な外部サービスの利用も検討する。

取組③ 必要と考えられる対策を検討させて実行を指示する

　　　懸念される事態に関連する情報や業務を整理し、損害を受ける可能性（リスク）を把握した上で、責任者・担当者に対策について検討を指示する。これらの対策を社内ルールとして文書化することで、社員も実行しやすくなり、取引先などに自社の取組みを説明する際にも役に立つ。

取組④ 情報セキュリティ対策に関する適宜の見直しを指示する

　　　取組③における対策において、実施状況を点検し、定期的に評価を実施する。業務や顧客の期待の変化なども踏まえて基本方針なども適宜見直し、対策の追加や改善を行う。

取組⑤ 緊急時の対応や復旧のための体制を整備する

　　　万が一に備えて、緊急時の対応体制を整備する。的確な復旧手順をあらかじめ作成しておくことにより、緊急時に適切な対応が可能となる。

取組⑥ 委託や外部サービス利用の際にはセキュリティに関する責任を明確にする

　　　業務の一部を外部に委託する場合には、委託先でも少なくとも自

社と同等の対策が行われるようにする必要がある。そのためには、契約書に情報セキュリティに関する委託先の責任や実施すべき対策を明記し、合意することがポイント。

取組⑦　情報セキュリティに関する最新動向を収集する

　情報セキュリティに関する最新動向を発信している公的機関などを把握しておき、常に情報を入手しておく必要がある。

出典：独立行政法人情報処理推進機構セキュリティセンター「中小企業の情報セキュリティガイドライン第3版」（https://www.ipa.go.jp/files/000055520.pdf）を基に一部改変

> **事例 10**　社員が副業先での通勤途上で、顧客情報の入ったパソコンを紛失してしまった。顧客には、速やかに紛失の報告とお詫びをしたが、顧客からの信用を失ってしまった。今後、このような事故が起こらないよう、どのような対策を行えばよいか。

解説

　本事例では、会社として情報セキュリティに対する意識が高くなく、情報機器の持出しに関する明確なルールや手続を定めていなかったことから、当該社員も特段の悪意なく、パソコンを社外に持ち出していたものと思われる。

　今後の対応としては、情報機器の暗号化などの対策を実施するとともに、パソコンの持出しルールを含めた情報セキュリティ規程を整備して、社員に対して情報セキュリティ教育を行うことが重要となる。

　本事例のように、情報漏えい事故の発生が、情報セキュリティ対策を後押しすることも少なくない。

　昨今は、携帯しやすい軽量のモバイル端末が、ごく当たり前に社員に貸与され、端末を社外に持ち出すことを前提とした働き方になって

情報セキュリティ規程例（項目）

1. 組織的対策

2. 人的対策

3. 情報資産管理

4. アクセス制御及び認証

5. 物理的対策

6. ＩＴ機器利用

7. ＩＴ基盤運用管理

8. システム開発及び保守

9. 委託管理

10. 情報セキュリティインシデント対応ならびに事業継続管理

11. 個人番号及び特定個人情報の取り扱い

いる会社も多い。情報セキュリティに必要な対策をせずに事業活動を行うことは、社員が悪意を持って顧客情報や秘密情報を持ち出すことも容易な状態であり、極めてリスクの高い状態といわざるを得ない。

　図表7によると、社員に貸与する情報機器に対する対策として、ウイルス対策ソフトやアプリケーションを最新の状態にする仕組みの導入等が多い。一方で、盗難や紛失した際の対応としての端末ロックや内部データの遠隔消去等は遅れているようにみえる。

　さらに、社員に義務づけるルールの必須事項でもある「ID・パスワード」の取扱いに関しては、図表8によると、「パスワードの長さを一定以上に定める」対策が最も多く、次いで、「異動等で使用しなくなったIDはすぐに削除する」ことが多い。「定期的にパスワードを強制的に変更させる」運用も比較的多く、外部から副業人材を受け入れた際にパスワードを知り得たとしても、定期的にパスワードを変更する

図表7　外部からの接続に対するセキュリティ対策（情報機器に対する対策）

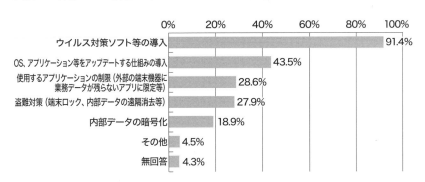

出典：警察庁生活安全局情報技術犯罪対策課「不正アクセス行為対策等の実態調査　調査報告書（平成 28 年 11 月）」

図表8　ID・パスワードの管理方法

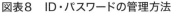
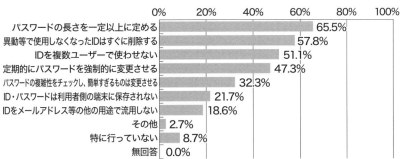

出典：警察庁生活安全局情報技術犯罪対策課「不正アクセス行為対策等の実態調査　調査報告書（平成 28 年 11 月）」

措置は有効な対策と考えられる。

　情報漏えいは、社員が主なルートになることが多く、こういった現状からすれば、社外との接触の機会が増える副業を認めることは、営業秘密が漏えいする機会を与えることにつながりかねない。そのため、

これまで以上に情報セキュリティ（のレベル）をバージョンアップし
ていく必要がある。

4 競業・利益相反のリスク

> **事例11** 自社の社員から副業をしたいとの申出があったので、業務内容を確認したところ、競業避止義務違反に該当する可能性があることから、不許可とする予定である。今後も、同様の申出があるかもしれないので、競業避止義務の内容や、競業避止義務違反を防止するための対応を知りたい。

解説

　自社で雇用する社員に副業を認める場合、もしくは他社で雇用されている社員を副業人材として受け入れる場合、競業や利益相反のリスクへの対応が必要となる。

　厚生労働省の「副業・兼業に関するガイドライン」においても、競業避止義務違反を防止するための実務上の対応例が示されている。

　ウ　競業避止義務

　労働者は、一般に、在職中、使用者と競合する業務を行わない義務を負っていると解されている（競業避止義務）。

　副業・兼業に関して問題となり得る場合としては、自ら使用する労働者が他の使用者の下でも労働することによって、自らに対して当該労働者が負う競業避止義務違反が生ずる場合や、他の使用者の労働者を自らの下でも労働させることによって、他の使用者に対して当該労働者が負う競業避止義務違反が生ずる場合が考えられる。

　したがって、使用者は、競業避止の観点から、労働者の副業・兼業を禁止又は制限することができるが、競業避止義務は、使用者の正当な利益を不当に侵害してはならないことを内容とする義務であり、使用者は、労働者の自らの事業場における業務の内容や副業・兼業の内

143

容等に鑑み、その正当な利益が侵害されない場合には、同一の業種・職種であっても、副業・兼業を認めるべき場合も考えられる。

　このため、

・就業規則等において、競業により、自社の正当な利益を害する場合には、副業・兼業を禁止又は制限することができることとしておくこと
・副業・兼業を行う労働者に対して、禁止される競業行為の範囲や、自社の正当な利益を害しないことについて注意喚起すること
・他社の労働者を自社でも使用する場合には、当該労働者が当該他社に対して負う競業避止義務に違反しないよう確認や注意喚起を行うこと

等が考えられる。

出典：厚生労働省「副業・兼業の促進に関するガイドライン　平成30年1月策定（令和2年9月改定）」

　ここでも、判例を1つ紹介しておきたい。在職中の競業避止義務に関する判例であり、在職中の競業会社設立は使用者の正当な利益を不当に侵害するとして、競業避止義務に反するという見解を示している。

在職中の競業避止義務に関する裁判例
○協立物産事件（東京地判平成11年5月28日）
　労務者は、使用者との雇用契約上の信義則に基づいて、使用者の正当な利益を不当に侵害してはならないという付随的な義務を負い、原告の就業規則にある従業員の忠実義務もかかる義務を定めたものと解されるとしたうえで、外国会社から食品原材料等を輸入する代理店契約をしている会社の従業員について、在職中の競業会社設立は、労働契約上の競業避止義務に反するとされた事案。

出典：厚生労働省「副業・兼業の促進に関するガイドライン　わかりやすい解説」

　副業社員による競業避止義務違反や自社の名誉を傷つける行為が発生しないよう、副業導入にあたっては、上記対応例や裁判例をふまえ、自社内でどのようなルールが必要か検討し、教育やその周知を行うことが重要である。

 事例12　同業他社への副業を認めていた自社の社員から、副業先に転職をすることになった旨の申し出があった。会社として、競業避止義務を理由にこれを認めないことはできるか。

解説

　転職を認めないことはできない可能性が高い。競業避止義務違反で、同業他社への転職に制限をかけることができるのは、以下①～④の場合とされているが、本事例では、同業他社における副業をすでに認めていることから、争いとなった場合でも、特に②～④の事由と照らして、転職することは問題なしと判断される可能性が高い。

　①労務提供上の支障がある場合
　②業務上の秘密が漏えいする場合
　③競業により自社の利益が害される場合
　④自社の名誉や信用を損なう行為や信頼関係を破壊する行為がある場合

出典：厚生労働省「副業・兼業の促進に関するガイドライン　平成30年1月策定（令和2年9月改定）」

事例
13
当社はコールセンターを運営しており、ダブルワークを行っている社員も多くいるが、ダブルワークも含めて副業は事前申請に対して許可した場合のみに認めている。先日、社員から副業の申請があったが、同業であるコールセンターを運営する会社でのアルバイトであった。就業規則に同業他社での副業は禁止すると定めているが、当該副業を不許可としても問題ないか。

解説

　第3章で解説したとおり、競業避止を理由とする副業の規制が認められるケースは限定的であり、対象となる副業を禁止することの合理性が求められる。合理的であるか否かは、既に記載したが、以下のような基準に照らして検討する必要がある。本事例では、同業他社での副業を禁止とする定めが就業規則等に定められているため、①の要件を満たしていることを前提にケース毎に検討を行う。

【競業避止が認められる要素】
①根拠とする就業規則上の規程等があること
②労働者の地位の高さ・職務内容等に照らして、競業避止を課す必要
　性がある
③自社の正当な利益を目的とすること
④競業制限の対象が相当であること
⑤競業制限の期間・地域が相当であること
⑥相当の代償が与えられていること

（1）ケースA　短時間のパート社員の場合

	自社での勤務形態
雇用形態	短時間のパート社員
役職	なし
業務内容	コールセンターにおける電話対応
報酬	時給制（1,000円／1時間）
所定就業時間	9:00-15:00（5時間）
所定休日	週休3日のシフト制
過去6か月の平均所定外時間	所定外労働はほとんどない

　コールセンターで電話対応を行うパート社員であることから、自社内での地位および責任は高くものではないと想定され、当該社員は同業他社で電話対応の業務を行ったとしても、会社の正当な利益が侵害されるとは考えにくい。電話対応業務の内容が、機密情報を取り扱う内容であるかもしれないが、競業を理由に侵害されるものではなく、時給1,000円ということからも、副業を制限されるに相当する代償があるとは言い難い。したがって、このケースにおいて競業避止を理由に副業を制限することが合理的とは言い難いと考えられる。

（2）ケースB　正社員の場合

	自社での勤務形態
雇用形態	正社員
役職	課長職
業務内容	コールセンターの運営、スタッフの管理等
報酬	月給制（400,000円／月）
所定就業時間	9:00-18:00
所定休日	月8〜9日のシフト制
過去6か月の平均所定外時間	20時間／月

　上記ケースAとは違って、コールセンターを運営し、課長という責任ある立場にある者の申請であった場合、自社のノウハウや営業秘密が副業先へ流出する恐れがあり、自社の正当な利益が侵害される可能性が存在すると考えられる。報酬面において、副業を制限するに相当

な代償であるかの是非の判断は難しいが、業績に応じた賞与が支払われている等があれば補強要因になるだろう。当該社員の業務の実態や、自社および副業先との関係性等によって個別の検討が必要ではあるが、当該副業を規制対象とする余地はあると考えられる。

（3）ケースC　執行役員の場合

	自社での勤務形態
雇用形態	執行役員
役職	部長
業務内容	会社運営に関する全般
報酬	月給制（800,000円/月）
所定就業時間	9:00-18:00
所定休日	土日祝
過去6か月の平均所定外時間	ほとんどなし（管理監督者のため労働時間の目安で判断）

　執行役員が同業他社でアルバイトを行うという想定は考えづらいため、同業他社で取締役に就任することを前提として検討する。これまでのケースと比較しても、当該社員は当社において重責にあるといえる。このような責任を負う者が同業他社の取締役に就任すると、自社の正当な利益が侵害されること想定される。十分な報酬を受けており、副業先との関係性等によって異なるかもしれないが、当該副業を禁止することは合理的といえると考えられる。

　ケースA～Cのとおり、同じ副業先であっても、副業を行う社員毎に競業避止を理由に副業を制限することに合理性があるかを検討する必要がある。ただし、競業避止を理由とする副業の規制は、必要最小限に限定されることが望まれる。副業許可の諾否は、より慎重に検討する必要があるだろう。

5　人材流出のリスク

事例
14
先日、自社社員が同業他社に転職した。当該社員は副業は
していなかったが、転職先から自社での実績やスキルを高
く評価されたようだ。もし副業を許可すると、「副業先でパフォー
マンスを上げる」→「副業先で重用されキャリアが築ける」→「副
業先が主たる業務となる」という具合に、いつの間にか副業が本
業になってしまい、社員が副業先に転職してしまうのではないか
心配である。それでも、多様な働き方の観点から、副業によるメ
リットは少なくないのだろうか。

解説

　コロナ禍をきっかけとして、在宅勤務やテレワークといった新しい
働き方への移行が急激に進み、また、かねてからいわれている終身雇
用の崩壊と相まって、労働者が会社を選ぶ要素が大きく変化している。
　自社で雇用する社員に副業を認めることにより、優秀な人材確保及
び自社の人材の流出防止効果も期待されている反面、自社と他社の労
働条件や待遇の違いを知ることができるため、副業をきっかけとした
人材流出リスクに留意する必要がある。
　パーソルキャリア株式会社「第２回リモートワーク・テレワーク企業
への転職に関する意識調査（2021年）」（URL：https://www.persol-
career.co.jp/pressroom/news/research/2021/20210322_01/）　に
よると、20〜30代の転職先を検討する際の条件として、「リモートワー
ク・テレワーク」が重要と回答した人は５割を超えている（第１回同調
査から６％増加）。特に、実際に出勤することでサービスが成立する
業界以外において、テレワークの導入が遅れている企業にとっては、
副業容認がきっかけとなり、人材流出リスクが高まる可能性があるこ

とに留意したい。

　さらに、副業による本業へのプラス効果に関する以下のデータも参考にしたい。

図表9　副業による本業へのプラス効果

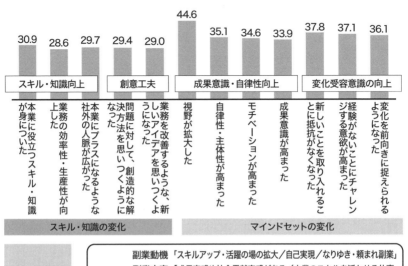

（数字は%）

出典：パーソル総合研究所「第二回　副業の実態・意識に関する定量調査（企業編、2021 年）」を一部加工して作成

　上記調査結果をみると、副業の動機について、「スキルアップ・活躍の場の拡大」「自己実現」といったポジティブな動機の場合に、本業へのプラスの効果を高めている。「なりゆき・頼まれ副業」も、本業へのプラスの効果を高める要因とされている。副業の内容については、成長実感や社会貢献実感がある場合に、本業へのプラスの効果が

高まっている。また、本業のスキルを活かせる仕事である場合も、本業へのプラスの効果は高い。本業の仕事が副業に役立ち、さらに、本業にも貢献するという好循環に繋がっているようだ。

　最近では、大手人材紹介会社による「社会人のインターンシップ」というサービスがある。これは、1日だけなどの短期的なインターーシップから、1年程度の長期的なインターンシップまで、様々な種類があり、参加者を募集している企業に、外部からインターンシップとして参加するものである。自身のキャリア形成を意識して、気になる会社に副業人材として参加することが可能であり、現在の勤務先を退職することなく、他社の雰囲気に触れる機会が用意されているともいえる。副業を認める会社の増加に伴い、このような流れを「ビジネスチャンス」ととらえる動きも気になるところである。

　昨今は、転職しやすい環境が整っている状況でもある。労働者は「今の会社に不満があるから転職する」だけではなく、「もっとスキルアップできる会社で働きたい」といった将来のキャリアアップを意識したものや、「プライベートも仕事も大切にしたい」「自分にとって働きやすい時間や環境のある会社を選びたい」など、価値観を重視した転職も確実に増えている。HR（ヒューマンリソース）分野において、優秀な人材の離職を防ぎ、確保するための施策を「リテンションマネジメント」と呼んだりするが、副業容認の拡大を受けて、会社におけるリテンションマネジメントの重要性はさらに高まるものと考えられる。

　いずれにせよ、会社にとって優秀な人材の獲得と定着は永遠の課題であり、副業によるメリットを活用しつつ、人材が流出しないためにも、あらためて自社の強み・弱みを正しく理解し、他社に負けない魅力ある会社にすべく、知恵を絞っていく必要があるだろう。

事例
15
副業に関連した人材流出を防止するために、会社として取り得る対策にはどのようなものがあるか。

解説

　事例14のとおり、昨今の労働者は、副業を認めている会社を勤務先の条件とする傾向もあり、副業を認めないことで人材流出リスクを減少させるということは逆効果である。人材流出を防止するための対策には、以下のものがあり、自社の実態に合わせて、複合的に実施することが有効である。
① 自社の経営方針、行動指針などが明確であり、採用にも生かされている
　　採用時に会社の価値観を伝え、そもそも価値観の合う者を採用することが必要。
② 経営層・幹部が経営方針・行動指針を体現している
　　経営層・幹部が経営方針と異なる言動をすると、社員は会社に不信感を持ちやすい。
③ 社員表彰制度など、頑張っている社員を認める・褒める仕組み
　　頑張っている社員を認める・褒めることは必須、と考えることがポイント。
④ 頑張っている社員が損をしない人事制度がある
　　頑張りを認めるだけではなく、賃金にも反映される仕組みが必要。
⑤ 女性のキャリア形成を支援する仕組み
　　子育ての負担が大きい女性社員が産休・育休からの復帰後に、安心して活躍できる場を提供できることがポイント。
⑥ マネジメント層が自らの役割を果たしている
　　マネジメントの役割を担っている社員が、的確に部下の状況を把

握し、仕事量や仕事内容にミスマッチはないか、対人関係などで困っていないかを「管理する」のではなく、「サポートする」ことができていることがポイント。

⑦　コミュニケーションが取りやすい職場環境がある

　　上司、先輩、同僚、後輩のいずれも、コミュニケーションが取りやすいことで日常的な業務も円滑になる。悩みや困ったことがあっても、相談しやすい環境があることで、問題が大きくなる前に解消することが期待できる。

⑧　社員が成長を実感できる環境の整備と機会の提供

　　社員からの意見や希望を前向きに受け入れる環境も重要。その他、専門スキル研修などの実施、外部への出向や外部からの出向者の受入れなど、異なる文化・価値観に触れる機会の提供も有効。その意味では、副業を認めることも1つの施策になり得る

⑨　エグジットインタビュー（退職理由を聞き取ること）を活用する

　　退職者から退職の理由を聞くことで、会社の改善施策に活かしていく。

⑩　退職者が戻れる制度を用意する

　　退職した者が他社で成長し、自社に戻ってくることを認める制度も有効。他社と比較して自社に魅力があることを、他の社員にアピールすることにも繋がる。

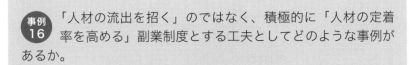

事例
16
「人材の流出を招く」のではなく、積極的に「人材の定着率を高める」副業制度とする工夫としてどのような事例があるか。

解説 ....

優秀な人材の定着を図りたい企業において、副業を通じて、自社で

の働きがいをより高めるための工夫として、副業制度と合わせて、次のような取組みを実施している事例がある。

（1）社員とのキャリア面談の実施

　1on1 の形式などで、社員の中長期的なキャリア形成とその実現に向けて上司と部下で話し合い、自律的な成長をすることを支援する。副業制度の活用によるスキル獲得やキャリア形成、やりたいこと（WILL）への挑戦や自己実現ができるように適切な助言やサポートをすることで、社員のやりがい、働きがいを高めて、モチベーション向上につながることが考えられる。個人がキャリアの明確なイメージをもつことで、長期的な目標に向けた行動につながりやすくなり、組織の人材育成が促進される。キャリア面談で、副業先での仕事内容も踏まえて、しっかり社員とも話ができて、副業を検討する社員が、「副業＝自身のキャリア形成のための手段」と意識するようになれば、自社の人材育成や優秀な人材の定着に資する副業制度となることが考えられる。

図表10　マズローの欲求5段階説

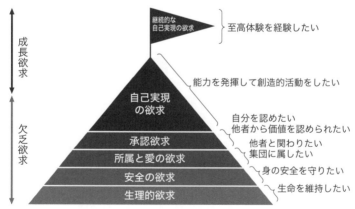

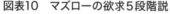

図表11　キャリア形成におけるWill Can Mustの関係

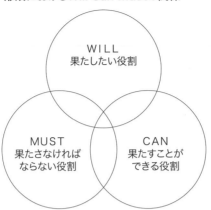

　そもそも上司と部下の日ごろのコミュニケーション自体が不足しており、キャリアの相談自体が難しい場合もある。まず、上司の部下との面談スキルが向上するような訓練が必要である。

（2）成功事例を社内で共有

　社内のキャリア形成のロールモデル（経歴×職種×業務経験×スキル×副業内容など）を開示し共有し合うことで、社員間の刺激にもなる。社内だけでは得られなかった副業先で獲得したノウハウ・経験やネットワークを活用して、自社の本業でも活躍するロールモデルとして、より具体的な社員のキャリアの例を開示することにより、社員が自身のキャリア形成をイメージしやすくなる。キャリア面談とも合わせてだが、自分のキャリア形成ややりたいことをあらためて確認する機会となる。副業という多様な働き方も容認されており、安易な転職が起こりにくくなることが考えられる。

（3）副業で得たノウハウや人脈を本業で活かせる機会を与える

　本人のキャリア形成に寄り添い、副業で得たノウハウや経験、人脈などについて、本人から報告をもとに評価する。それにより、配置転換など検討して、本業で新たな機会を与える仕組みも、副業制度を活用したキャリア形成、優秀な人材の定着に有効な手段である。

図表12　副業を活用したキャリア形成のイメージ図

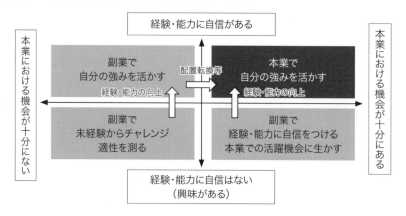

6 社会保険・労働保険の手続

> **事例17** A社で週5日勤務する正社員が、A社の休日にB社で週1日、5時間のアルバイトをする場合、A社及びB社において、社会保険ならびに雇用保険でどのような手続が必要か。

解説

（1）社会保険

　第3章「企業の人事労務担当者として知っておくべき事項」3（1）「社会保険とは」にて解説のとおり、パートやアルバイトで短時間勤務を行う場合、1週間の所定労働時間及び1か月の所定労働日数がその会社の正社員の4分の3以上の場合に被保険者となる。そのため、当該社員はB社の社会保険の加入要件を満たさないため、B社では社会保険に加入する必要はない。

（2）雇用保険

　第3章「企業の人事労務担当者として知っておくべき事項」4（1）「雇用保険とは」で解説のとおり、雇用保険は「1週間の所定労働時間が20時間未満」の場合は適用除外となる。そのため、当該社員はB社の雇用保険の加入要件を満たさないため、B社では雇用保険に加入する必要はない。

　したがって、本事例では、社会保険も雇用保険もA社のみで引き続き加入することとなり、A社においてもB社においても特段の手続は発生しない。

> **事例 18** A社で週5日勤務する正社員が、A社の勤務時間終了後に B社で週5日、1日4時間のアルバイトを1年間の予定で 開始する場合、A社及びB社において、社会保険ならびに雇用 保険でどのような手続が必要か。なお、社員がB社から受ける 1か月の賃金の見込み額は約10万円、B社の厚生年金保険の被 保険者数は約600名とする。

解 説 ....

（1）社会保険

　複数の会社で社会保険の加入要件を満たす社員は、二以上勤務者と なる。この場合、第3章「企業の人事労務担当者として知っておくべ き事項」3（1）③「二以上勤務者とは」で解説のとおり、社員本人 が主たる会社を「選択事業所」として選択し、「健康保険・厚生年金 保険被保険者所属選択・二以上事業所勤務届」を選択事業所の管轄の 日本年金機構の事務センターに提出する必要がある。これは、勤務す る会社がいわゆるフルタイム勤務の会社だけの場合に限らず、パート やアルバイトでの勤務で加入要件を満たす会社を含む場合も同様であ る。

　本事例では、B社が、第3章「企業の人事労務担当者として知って おくべき事項」3（1）①「加入要件」で解説する、社会保険上の特 定適用事業所に該当するため、当該社員はその労働条件からB社で の短時間労働者に該当し、社会保険の被保険者となる。選択事業所の 決定にあたっては、A社では正社員、B社ではアルバイトかつ短時間 被保険者としての雇用という違いはあるが、本人の選択により、B社 を選択事業所としても差し支えない。

（2）雇用保険

　複数の会社で雇用保険の加入要件を満たす場合は、「生計を維持するに必要な主たる賃金を受ける」会社として本人が選択した会社で加入することとなる。

　本事例では、当該社員はB社でも週20時間以上の勤務となり加入要件を満たすことから、A社もしくはB社のいずれか主たる賃金を受ける会社で被保険者となる。その際、当該社員の雇用形態の違い等により、A社から受ける賃金額がB社から受ける賃金額より高いと想定されることから、A社を主たる勤務先とすることが一般的と考えられる。A社で引き続き雇用保険に加入する場合は、A社、B社のいずれにおいても手続は発生しない。

> **事例19** A社で週5日勤務している正社員が、個人でB社と業務委託契約を締結して働く場合、A社及びB社において、社会保険ならびに雇用保険でどのような手続が必要か。また、この社員はB社の労災保険の適用を受けることはできるか。

解説

（1）社会保険、雇用保険

　業務委託契約を締結し、会社から業務を受託する受託者は「個人事業主」となり、「労働者」に該当しないことから、社会保険、雇用保険のいずれにおいても被保険者とならない。そのため、当該社員はB社では社会保険、雇用保険のいずれにおいても加入対象とはならず、引き続きA社のみで加入することとなる。したがって、A社、B社のいずれにおいても手続は発生しない。

（2）労災保険

　上記のとおり、当該社員はＢ社では「労働者」に該当しないことから、Ｂ社の労災保険においても適用対象外となる。Ｂ社から委託を受けた業務に起因する負傷や疾病等についての労災保険の給付は、受けることができない。ただし、第3章「企業の人事労務担当者として知っておくべき事項」4（2）「労働者災害補償保険（労災保険）」で解説する特別加入をしている場合は、労災保険給付を受けることができる。

> **事例20** Ａ社で週5日勤務している正社員が、Ｂ社の役員に就任する場合、Ａ社及びＢ社において、社会保険ならびに雇用保険でどのような手続が必要か。また、この社員はＢ社の労災保険の適用を受けることはできるか。

解説

（1）社会保険

　法人の役員については、法人から労務の対償として報酬を受ける場合は、原則として社会保険の被保険者となる。そのため、役員として資格取得する場合を含む複数の会社で被保険者要件を満たす場合は、上記事例18と同様に、二以上勤務者に該当する。

　なお、役員として報酬を受ける場合でも、出勤が不定期であり、役員会に出席しない等、非常勤役員としての身分であれば、加入要件を満たさないこともある。第3章「企業の人事労務担当者として知っておくべき事項」3（1）①「加入要件」で解説のとおり、非常勤役員の社会保険加入については、複合的な要素により判断されるため、管轄の年金事務所に確認しながら進めるとよい。

本事例では、Ｂ社で社会保険被保険者となる役員に就任する場合、Ｂ社での資格取得手続ならびに本人による「健康保険・厚生年金保険被保険者所属選択・二以上事業所勤務届」の手続が必要となる。

（2）雇用保険

第3章「企業の人事労務担当者として知っておくべき事項」4（1）①「雇用保険とは」で解説のとおり、雇用保険においては、役員は雇用される者ではないことから被保険者とならない。そのため、本事例においてはＢ社では被保険者とならず、Ａ社で引き続き被保険者となる。したがって、Ａ社、Ｂ社のいずれにおいても手続は発生しない。

（3）労災保険

労災保険においても、役員は会社に使用される者ではないことから適用対象外となる。したがって、本事例では、当該社員はＢ社の業務に起因する負傷や疾病等についての労災保険の給付を受けることはできない。ただし、事業の種類や規模により、役員も中小事業主等として労災保険に特別加入できる場合がある。

> 事例21　Ａ社の代表取締役が、Ｂ社及びＣ社においても代表取締役に就任し、3社それぞれから報酬を受けることとなった。各社における社会保険の手続について、2社で勤務する場合と異なる手続はあるか。

解説

複数の会社で社会保険の加入要件を満たす場合には、それぞれの会社において資格取得の手続を行うこととなるが、加入できる会社数に

制限はない。そのため、3社において加入要件を満たすのであれば、3社それぞれが資格取得手続を行っている必要がある。その後、本人がひとつの事業所を選択し、「健康保険・厚生年金保険被保険者所属選択・二以上事業所勤務届」を提出する。

なお、社会保険料については、会社ごとの報酬月額の比率によって按分される。3社で社会保険に加入していれば、3社分の報酬月額を合算して標準報酬月額が決定され、各社の報酬月額の比率で按分された社会保険料額がそれぞれの会社に通知される。

したがって、2社以上の会社で社会保険に加入する場合には、加入する会社の数によって対応を変更する必要はない。

> **事例 22** A社とB社で週20時間ずつ雇用されて兼業している社員より、A社を主たる賃金を受ける会社として雇用保険加入の希望があったため、A社にて資格取得手続を実施した。後日、本人にB社の賃金額を聞いたところ、A社の2倍の金額の賃金が支払われていることが判明した。この場合、A社を主たる賃金を受ける会社とすることに疑義があるとしてA社の資格取得届を取り消し、B社で資格取得する必要があるか。

解説

雇用保険においては、加入要件を満たす会社が複数ある場合でも、1社でしか加入することができない。この場合、「生計を維持するに必要な主たる賃金を受ける」会社で加入することとなる。どの会社で雇用保険に加入するかにより、退職する際に失業等給付を受けられるかどうかやその際の給付額に違いが発生する。そのため、一般的には賃金額が大きい会社を主たる賃金を受ける会社とするが、明確な定義や決まりはない。実務上は、賃金額や勤続年数等を判断材料とした本人の申出により、手続を行うこととなる。

したがって、本事例においても、Ｂ社での給与水準がＡ社を上回っているからといって、Ａ社が一方的に資格取得届を取り下げることはできない。主たる賃金を受ける会社についての一般的な考え方を本人に伝えた上で、本人の判断に基づき手続することとなる。

> **事例 23** Ａ社とＢ社で雇用され、複数事業労働者に該当する社員が、Ａ社の業務中に負傷し、Ａ社だけでなくＢ社でも労務不能となってしまった。Ｂ社では社員の負傷の原因には関与していないため、何の対応もしなくてよいか。

解説

当該社員は災害発生時にＡ社ならびにＢ社の２社で働いているため、複数事業労働者に該当する。第3章「企業の人事労務担当者として知っておくべき事項」4（2）②「副業の場合の労災給付」で解説のとおり、複数事業労働者への労災保険給付は働いているすべての会社の賃金額を基礎として行われるため、直接負傷の原因に関与しないＢ社についても賃金や労務不能となった期間を届出する必要がある。

本事例においては、Ａ社ならびにＢ社が作成する書類は以下のとおりとなる。書類記載時の注意点については、第3章「企業の人事労務担当者として知っておくべき事項」4（2）③「実務ポイント」を参照されたい。

① 「休業補償給付支給請求書」様式第8号

　　Ａ社について作成する。「その他の就業先の有無」欄は「有」に丸をつけ、その他の会社数を「1社」と記載する。

② 「休業補償給付支給請求書」様式第8号（別紙1）

　　災害発生日の直前の賃金締切日から遡る3か月間の賃金について

A社、B社それぞれが自社分について作成する。

③　「休業補償給付支給請求書」様式第8号（別紙2）

療養のため賃金を受けなかった日のうち、一部分のみ労働した日がある場合に、A社、B社それぞれが自社分について作成する。

④　「休業補償給付支給請求書」様式第8号（別紙3）

B社について作成する。

したがって、A社では①〜③の書類を作成し、B社では②〜④の書類を作成することとなる。B社が作成した書類は、当該社員を経由してA社が作成する書類と合わせてA社の管轄の労働基準監督署へ提出する。

> **事例24**　A社とB社で雇用され、複数事業労働者に該当する社員が、A社で発生した労働災害により負傷し、療養している。当該社員がA社では休業のため賃金を受けていない日にB社で有給休暇を取得した場合、その日は休業補償給付の支給対象となるか。

解説

（1）支給要件について

労災保険の休業補償給付は、以下の3つの要件を満たす場合に、賃金を受けない日の第4日目から支給される。

> ①業務上の負傷または疾病により療養している
>
> ②労働することができない
>
> ③賃金を受けない

このうち、②の「労働することができない」とは、「負傷または疾病の直前まで行っていた業務を行うことができない」というだけでなく、

その他の業務も行うことができない場合をいう。そのため、複数事業労働者の場合は、1社でも働いた会社がある日については、原則として「労働することができない」とは認められず、休業補償給付を受けることはできない。ただし、1つの会社では勤務したが、別の会社では通院等のため所定労働時間の全部または一部について働けなかったという場合には、「労働することができない」に該当すると認められることがあるため、管轄の労働基準監督署に確認するとよい（令 3.3.18 基管発 0318 第 1 号、基補発 0318 第 6 号、基保発 0318 第 1 号）。

③の「賃金を受けない」については、まずは会社ごとに「賃金を受けない日」に該当するかどうかの判断を行うが、複数事業労働者の場合には、ある会社では有給休暇等の取得により賃金を受けた日であっても、他の会社では無給の休業のため賃金を受けない日である場合があり得る。この場合は、無給で休業する会社の賃金部分に対して休業補償給付が支払われることが適切であると考えられるため、所定労働時間の一部について賃金が支払われる休暇を取得する日として休業補償給付の対象となる。

したがって、すべての会社で賃金を受けない日に該当しない日は、休業補償給付を受けることはできないが、①「すべての会社で賃金を受けない日に該当する日」、ならびに②「一部の会社で賃金を受けない日に該当するが、一部の会社では賃金を受けない日に該当しない日」は、労災保険における「賃金を受けない日」に該当するものとして、休業補償給付の対象となる。

（2）給付額について

複数事業労働者に支給される休業補償給付は、原則として会社毎に算定した給付基礎日額相当額を合算した額を給付基礎日額として算出し、休業1日あたり給付基礎日額の 60％の金額が支給される。

その際、「賃金を受けない日」に該当すると判断される日で、一部賃金が年次有給休暇等により支払われる日や、所定労働時間のうち、その一部分についてのみ労働する日に該当する場合は、給付基礎日額から実際に支払われた賃金額（平均賃金相当額を上限とする）を控除した金額をもとに、保険給付が行われる。

本事例では、Ａ社では療養のため賃金を受けない日に該当するため、Ｂ社で有給休暇を取得していても、「賃金を受けない日」として休業補償給付の支給対象に該当すると判断される。また、保険給付は、Ａ社、Ｂ社それぞれで算出した給付基礎日額相当額の合計額を給付基礎日額とし、給付基礎日額から、Ｂ社で支給された賃金額（Ｂ社の平均賃金額相当額を上限とする）を控除した金額を基に行われることとなる。

> **事例25** Ａ社で雇用される社員が心臓疾患を発症したが、この6か月間の週40時間を超える時間外労働は月20時間程度であり、業務上の負荷はそれほど重いものではなかった。しかし、本人に話を聞いたところ、1年前から副業としてＢ社でも雇用されて働いており、Ｂ社では月40時間程度働いていたという。この場合、長期間の過重業務として労災給付の対象となるか。また、労災として認定された場合、Ａ社およびＢ社のメリット制に影響はあるか。

解説

複数事業労働者の労災認定にあたっては、まずは個々の会社ごとに過重な業務負荷があったかどうかが評価される。1つの会社における業務上の負荷のみでは労災認定できない場合に、初めて複数の会社の業務上の負荷が総合的に評価され、複数業務要因災害として労災認定できるかが判断される。

　業務の過重性の判断にあたっては、労働時間、勤務形態、作業環境、精神的緊張の状態等から総合的に判断されるが、労働時間だけを考える場合、週40時間を超える労働時間数の判断基準は以下とされている（令3.9.14基発0914第1号）

①発症前１か月間ないし６か月間にわたって、１か月あたりおおむね45時間を超える時間外労働が認められない場合は、業務と発症との関連性が弱いが、おおむね45時間を超えて時間外労働時間が長くなるほど、業務と発症との関連性が徐々に強まると評価できること
②発症前１か月間におおむね100時間または発症前２か月間ないし６か月間にわたって、１か月あたりおおむね80時間を超える時間外労働が認められる場合は、業務と発症との関連性が強いと評価できることを踏まえて判断すること

　したがって、本事例では、Ａ社、Ｂ社いずれの会社においても月45時間を超える時間外労働はなく、「Ａ社の労働時間だけで判断する業務上の負荷」、及び「Ｂ社の労働時間だけで判断する業務上の負荷」については、特に過重な業務を行っていたとは判断されない可能性が高い。このようにＡ社、Ｂ社の個別の評価では労災と認定されない場合には、複数業務要因災害としてＡ社及びＢ社の労働時間を通算して判断することとなる。その結果、本事例では１か月あたり60時間の時間外労働としての評価となり、業務と発症との関連性が一定程度認められることから、Ａ社、Ｂ社を個別に評価する場合に比べて、労災給付の対象となる可能性が高くなると考えられる。
　なお、「複数業務要因災害として保険給付を受けることができる場合」とは、それぞれの会社での業務災害とは認められない場合であることから、Ａ社、Ｂ社のいずれの会社も災害発生事業場とはならない。したがって、いずれの会社のメリット制にも影響しない。

事例
26

A社とB社で雇用され、複数事業労働者に該当する社員が、A社での勤務終了後、A社から次の勤務地であるB社へ向かう途中で負傷した。自宅とは異なる場所からB社へ向かっていたこととなるが、この場合も通勤災害の適用はあるか。また、通勤災害となる場合、A社及びB社のどちらが対応をすることとなるのか。

解説

　兼業する社員が1つの勤務地から別の勤務地へ移動する場合、この移動は、目的地となる勤務地での労務の提供のための通勤と考えられる。そのため、この移動中に災害にあった場合は、目的地の会社での通勤災害に該当する。

　したがって、本事例ではB社への移動中の負傷であることから、B社での通勤災害として保険給付を受けることができる。

　なお、この場合の療養給付の手続はB社で行うが、給付基礎日額を基に給付額が算定される休業給付等においては、A社及びB社の賃金額を合算して給付額が決定されるため、上記事例23の場合と同様に、A社、B社それぞれで手続書類の作成が必要となる。

参考資料1　副業規程（例）　**DL**↓

副業規程

（目的）
第 1 条　この規程は、従業員の副業に関する事項について定める。

（副業の定義）
第 2 条　この規程における副業とは、当社の所定労働時間（当社指示による時間外、休日労働時間を含む。以下、同じ。）外において、第3条第1項に定める業務に従事することをいう。

（副業の範囲）
第 3 条　前項の規定にもとづき、副業の対象となる業務は次のいずれかに該当するものをいう。
　　(1) 当社以外の会社その他の団体（当社の業務を認知ならびに許可している事業主に限る。以下、「副業先」という。）との雇用関係にもとづき、副業先の指揮命令により行う業務
　　(2) 第三者からの依頼にもとづき報酬を伴って行う委託、委任、請負業務
　　(3) 第三者からの依頼にもとづき行う講演、執筆業務（ただし、当社業務、製品、サービスに関連するものに限り、報酬の有無を問わないものとする。）
　　(4) 従業員自ら事業主、あるいは役員として行う業務
　2．下記については原則として、この規程における副業として取り扱わない。
　　(1) ネット販売、オークションによる収入
　　(2) ブログやSNS（YouTube、Instagram）での情報発信による収入
　　(3) 不動産や株式への投資による収入
　　(4) 社会奉仕を目的としたボランティア活動
　　(5) 家業の手伝い
　3．前項各号に該当する場合であっても、以下に該当するときは、その度合にかかわらず当社に申告するものとし、当社は、その

内容によって副業該当の可否を判断する。

(1) 当社社名、サービス・商品名を用いて行う活動

(2) 当社事業、業務に関連する活動

(3) 当社取引先に関連する活動

(4) その他、その活動により当社事業、業務に影響をおよぼすもの

(副業時間)

第 4 条　副業は、当社の所定労働時間内に行ってはならない。また、当社が時間外労働、休日労働等を命じた場合は、たとえ副業の予定があっても、これに従わなくてはならない。

2．副業先との雇用関係にもとづき、当該副業先の指揮命令により業務を行う場合、従業員は、法令ならびに当社および副業先における就業規則、労使協定等を遵守しなければならない。

(許可申請)

第 5 条　副業を希望する者は、副業開始予定日の 1 か月前までに、所定の様式により申請し、事前に当社の許可を受けなくてはならない。

2．当社は副業可否判断のため、申請内容および本規程に定める各条件の適合性について、確認書類の提出や面談等を求めることがある。従業員は、合理的理由なくこれを拒んではならない。

3．下記の各号に該当した場合、当社は副業の許可を取り消すことがある。

(1) 本規程に定める各条件に適合しなくなったと当社が判断したとき

(2) 本人から許可取消の申請があり、当社が認めたとき

(3) 申請内容について虚偽が発覚したとき

(4) 人事異動等により副業が担当業務に影響ありと当社が判断したとき

(5) 健康面での不調が生じたとき

(6) 就業規則ならびに本規程に定める服務規律に抵触したとき

(7) その他、業務の都合上、当社が副業の許可取り消しを判断したとき

...

4. 副業の許可を受けた後、許可申請の内容に変更があり、引き続き副業を行おうとするときは、事前に再度許可申請を行い、許可を受けなければならない。ただし、やむを得ない事由があるときは、許可申請の内容に変更が生じた後、直ちに再度許可申請を行い、許可を受けることで足りる。

（許可基準）

第 6 条　前項の規定にかかわらず、次の各号のいずれかに該当する場合は、副業を許可しないものとする。

(1) 当社の競合先に直接的、間接的に利益を与える場合

(2) 当社の取引先に直接的、間接的に関連性のある場合

(3) 当社への労務提供に支障を生じさせるおそれがある場合

(4) 従業員の健康に問題を生じさせるおそれがある場合

(5) 企業秘密が漏洩するおそれがある場合

(6) 当社の名誉や社会的信用等を損なう行為もしくは信頼関係を破壊するおそれがある場合

(7) 競業により、会社の利益を害するおそれがある場合

(8) 許可申請にあたり、必要な書類または情報を会社に提出しない場合

(9) 副業先事業場が下記に該当する場合

Ⅰ．副業先において、他事業主における雇用等を禁止している場合

Ⅱ．風俗営業等の規制および業務の適正化等に関する法律に規定する風俗営業

Ⅲ．暴力団員による不当な行為の防止等に関する法律に規定する暴力団、指定暴力団等が行う事業

Ⅳ．その他、従業員の健康や福祉を害するおそれのある事業

(10) その他、前各号に準ずる事由がある場合

（報告義務）

第 7 条　従業員は、許可を受けた副業に関して副業開始日が決定した場合、直ちに会社に報告しなければならない。

2．従業員は、次の各号に該当する場合は、直ちに会社に報告しな

けれDばならDない。
　　(1) 第5条の申請または会社へ提出した書類等の内容に変更が
　　　 生じた場合
　　(2) 第6条第1項各号の不許可事由の全部または一部に該当す
　　　 ることとなった場合
　　(3) 第6条第1項の許可の条件を満たすことができなくなった
　　　 場合
　　(4) 副業先を長期欠勤、休職、退職もしくは退任する場合また
　　　 は副業を廃業等する場合
　3. 従業員は、前項の報告にあたって、副業に関する書類の提出を
　　 会社から求められた場合、速やかに会社に提出するものとする。
　　 また、従業員は会社の副業に関する質問に対して必要な報告を
　　 行うものとする。
　4. 会社は、従業員の副業に関する報告を受けて、必要があると
　　 判断した場合、従業員と協議のうえ、従業員に対し、副業先の
　　 業務の変更、時間外労働の制限、勤務時間および勤務日数等の
　　 勤務条件の変更等を命じることがある。

（服務規律）
第 8 条　従業員は就業規則ならびに諸規程の他、次に定める事項を遵
　　　　 守しなければならない。
　　(1) 所定労働時間または当社の指示を受けての時間外または休
　　　 日労働時間においては、当社の業務に専念し、副業をして
　　　 はならない。
　　(2) 申請あるいは報告時に虚偽をしてはならない
　　(3) 当社または副業先の情報を漏えいしてはならない
　　(4) 副業により、遅刻、早退、欠勤をしてはならない
　　(5) 副業により、当社規定を超える時間外労働等をしてはなら
　　　 ない
　　(6) 当社利益に相反する言動をしてはならない
　　(7) 当社業務に支障のないよう健康管理を十分に行うこと
　　(8) その他、当社の指示命令に従うこと

（機器の利用）
第 9 条　副業のために、当社の機器、備品の一切を利用してはならない。

（懲戒処分）
第 10 条　会社は、従業員に本規程に違反する行為があったときは、就業規則の定めにより懲戒処分を行うことができる。

（災害補償）
第 11 条　副業中に災害に遭ったときは、法令の定めるところによる。

（規程の改廃）
第 12 条　この規程の改廃は、取締役会の決議により定める。

附則
年　月　日　施　行

年　　月　　日

副業許可（変更）申請書

申請者
部署
氏名

私は、副業規程第5条第1項に基づき、下記のとおり副業の許可を申請します。下記の内容に変更が生じた場合には直ちに報告します。また、副業規程第5条第3項の事由が生じた場合に、許可が取り消されることを了承します。

項目		申請内容
副業の契約形態		☐ 雇用契約 ☐ 雇用契約以外（　　　　　　　　）
副業先事業主	名称	
	住所	
	事業内容	
従事する業務内容		
契約締結（予定）日		
契約期間	定めの有無	
	期間（有の場合）	年　　月　　日 ～ 　　年　　月　　日
就労日の予定		☐ 所定労働日： ☐ 所定労働時間： ☐ 始業、終業時刻： ※シフトの場合は週・月の就労日数又は時間
所定外労働時間（見込み）		（　　／日、　　　／月、　　　／年）
その他		

参考資料3　誓約書（例）　**DL↓**

入社時誓約書

○○○○株式会社
代表取締役　●● ●●　殿

このたび、貴社に社員として入社するにあたり、下記の項目を厳守することをここに誓約
致します。

記

1．貴社の就業規則および諸規則を厳守し、上長の指示・命令に従い、他の社員と協力し
て誠実に職務を遂行致します。
2．勤務地の変更や職種の変更、関連会社への出向等、貴社の人事上の命令に従います。
3．貴社の業務上の秘密事項については、貴社在籍中は元より退職した場合であっても他
に漏らしません。
4．社内、社外に係らず、貴社の名誉や信用を傷つけるような行為は致しません。
5．在職中は元より退職した場合であっても、貴社の承諾なしに同業他社への就職や、自
ら貴社と同種の業務を行うことは致しません。
6．故意または重大な過失により貴社に損害を与えたときは、例え退職後に発覚した場合
であっても、その損害を賠償致します。
7．暴力団、暴力団関係者、暴力団関係企業、総会屋又はこれらに準ずる団体（反社会的
勢力）と関係を持っておらず、将来においても一切持ちません。

以　上

　　年　　　月　　　日

　　　　　住所

　　　　　氏名　　　　　　　　　　　㊞

副業許可通知書

　<u>　○○　○○　</u>殿

年　　月　　日

○○○○株式会社

貴殿より　　年　　月　　日付けで申請があった副業について検討した結果、次の内容で副業を許可としますので通知いたします。

【許可期間】　　年　月　日　〜　　年　月　日

項目		許可内容
副業の契約形態		☐ 雇用契約 ☐ 雇用契約以外（　　　　　　　　）
副業先事業主	名称	
	住所	
	事業内容	
従事する業務内容		
契約締結（予定）日		
契約期間	定めの有無	
	期間（有の場合）	年　月　日〜　年　月　日
就労日の予定		☐ 所定労働日： ☐ 所定労働時間： ☐ 始業、終業時刻： ※シフトの場合は週・月の就労日数又は時間
所定外労働時間（見込み）		（　　/日、　　/月、　　/年）
その他		

- 副業により、業務に支障をきたす等の不都合が生じた場合には、副業の許可を取り消す場合があります。
- 申請している内容に変更が生じる場合は事前に変更内容を副業許可変更申請書にて申請を行ってください。
- 許可期間の更新を希望される場合は、許可期間満了前1ヵ月までに副業許可申請書にて申請を行ってください。

以　上

参考資料5　副業許可通知書（管理モデル利用）（例）　

副業許可及び労働時間の取り扱い通知書

<u>　○○　○○　</u>殿

年　　月　　日
○○○○株式会社

貴殿より　　年　　月　　日付けで申請があった次の副業について検討した結果、以下の遵守事項を遵守して行われることを条件に許可としますので通知いたします。副業先（以下「他社」という。）に、当該条件を伝達されるようお願い致します。

項目		申請内容
副業先事業主	名称	
	住所	
	事業内容	
従事する業務内容		

【遵守事項】

1．当社における１か月の時間外・休日労働の上限は、●●時間とする

※　当該時間に変更が必要な場合は事前に通知しますので、当該事実を速やかに他社へ伝達して下さい。

2．前項に定める時間数と他社における１か月の労働時間（所定および所定外労働時間の合計）の合計が、時間外・休日労働の上限規制の範囲内であること

【時間外・休日労働の上限規制】

　①　時間外労働と休日労働の合計で単月 100 時間未満

　②　複数月平均 80 時間以内

3．2の労働時間に対して、他社から割増賃金が支払われること

4．許可期間は、　　年　　月　　日　～　　年　　月　　日とする

※　更新を希望する場合は、許可期間満了前１ヵ月までに副業許可申請書にて申請して下さい。

・　副業により、業務に支障をきたす等の不都合が生じた場合には、副業の許可を取り消す場合があります。

・　申請している内容に変更が生じる場合は事前に変更内容を副業許可変更申請書にて申請を行ってください。

・　許可期間の更新を希望される場合は、許可期間満了前１ヵ月までに副業許可申請書にて申請を行ってください。

以上

参考資料6　副業・兼業の促進に関するガイドライン（平成30年1月策定
　　　　　（令和2年9月改定））（抜粋）

3　企業の対応
（1）基本的な考え方
　　　（中略）
　　　副業・兼業の場合には、以下の点に留意する必要がある。
　ア　安全配慮義務
　　　労働契約法第5条において、「使用者は、労働契約に伴い、労働
　　者がその生命、身体等の安全を確保しつつ労働することができるよ
　　う、必要な配慮をするものとする。」とされており（安全配慮義務）、
　　副業・兼業の場合には、副業・兼業を行う労働者を使用する全ての
　　使用者が安全配慮義務を負っている。
　　　副業・兼業に関して問題となり得る場合としては、使用者が、労
　　働者の全体としての業務量・時間が過重であることを把握しながら、
　　何らの配慮をしないまま、労働者の健康に支障が生ずるに至った場
　　合等が考えられる。
　　　このため、
　　・就業規則、労働契約等（以下この（1）において「就業規則等」
　　　という。）において、長時間労働等によって労務提供上の支障が
　　　ある場合には、副業・兼業を禁止又は制限することができること
　　　としておくこと
　　・副業・兼業の届出等の際に、副業・兼業の内容について労働者の
　　　安全や健康に支障をもたらさないか確認するとともに、副業・兼
　　　業の状況の報告等について労働者と話し合っておくこと
　　・副業・兼業の開始後に、副業・兼業の状況について労働者からの
　　　報告等により把握し、労働者の健康状態に問題が認められた場合
　　　には適切な措置を講ずること
　　等が考えられる。
　イ　秘密保持義務
　　　労働者は、使用者の業務上の秘密を守る義務を負っている（秘密
　　保持義務）。
　　　副業・兼業に関して問題となり得る場合としては、自ら使用する
　　労働者が業務上の秘密を他の使用者の下で漏洩する場合や、他の使

用者の労働者（自らの労働者が副業・兼業として他の使用者の労働者である場合を含む。）が他の使用者の業務上の秘密を自らの下で漏洩する場合が考えられる。

このため、
・就業規則等において、業務上の秘密が漏洩する場合には、副業・兼業を禁止又は制限することができることとしておくこと
・副業・兼業を行う労働者に対して、業務上の秘密となる情報の範囲や、業務上の秘密を漏洩しないことについて注意喚起すること
等が考えられる。

ウ　競業避止義務

労働者は、一般に、在職中、使用者と競合する業務を行わない義務を負っていると解されている（競業避止義務）。

副業・兼業に関して問題となり得る場合としては、自ら使用する労働者が他の使用者の下でも労働することによって、自らに対して当該労働者が負う競業避止義務違反が生ずる場合や、他の使用者の労働者を自らの下でも労働させることによって、他の使用者に対して当該労働者が負う競業避止義務違反が生ずる場合が考えられる。

したがって、使用者は、競業避止の観点から、労働者の副業・兼業を禁止又は制限することができるが、競業避止義務は、使用者の正当な利益を不当に侵害してはならないことを内容とする義務であり、使用者は、労働者の自らの事業場における業務の内容や副業・兼業の内容等に鑑み、その正当な利益が侵害されない場合には、同一の業種・職種であっても、副業・兼業を認めるべき場合も考えられる。

このため、
・就業規則等において、競業により、自社の正当な利益を害する場合には、副業・兼業を禁止又は制限することができることとしておくこと
・副業・兼業を行う労働者に対して、禁止される競業行為の範囲や、自社の正当な利益を害しないことについて注意喚起すること
・他社の労働者を自社でも使用する場合には、当該労働者が当該他社に対して負う競業避止義務に違反しないよう確認や注意喚起を行うこと
等が考えられる。

エ　誠実義務

　　誠実義務に基づき、労働者は秘密保持義務、競業避止義務を負うほか、使用者の名誉・信用を毀損しないなど誠実に行動することが要請される。

　　このため、

・就業規則等において、自社の名誉や信用を損なう行為や、信頼関係を破壊する行為がある場合には、副業・兼業を禁止又は制限することができることとしておくこと

・副業・兼業の届出等の際に、それらのおそれがないか確認すること

等が考えられる。

オ　副業・兼業の禁止又は制限

（ア）副業・兼業に関する裁判例においては、

・労働者が労働時間以外の時間をどのように利用するかは、基本的には労働者の自由であること

・例外的に、労働者の副業・兼業を禁止又は制限することができるとされた場合としては

①　労務提供上の支障がある場合

②　業務上の秘密が漏洩する場合

③　競業により自社の利益が害される場合

④　自社の名誉や信用を損なう行為や信頼関係を破壊する行為がある場合

が認められている。

　　このため、就業規則において、

・原則として、労働者は副業・兼業を行うことができること

・例外的に、上記①～④のいずれかに該当する場合には、副業・兼業を禁止又は制限することができることとしておくこと

等が考えられる。

（イ）なお、副業・兼業に関する裁判例においては、就業規則において労働者が副業・兼業を行う際に許可等の手続を求め、これへの違反を懲戒事由としている場合において、形式的に就業規則の規定に抵触したとしても、職場秩序に影響せず、使用者に対する労務提供に支障を生ぜしめない程度・態様のものは、禁止違反に当たらないとし、懲戒処分を認めていない。

　このため、労働者の副業・兼業が形式的に就業規則の規定に抵触する場合であっても、懲戒処分を行うか否かについては、職場秩序に影響が及んだか否か等の実質的な要素を考慮した上で、あくまでも慎重に判断することが考えられる。

（2）労働時間管理

　労基法第 38 条第 1 項では「労働時間は、事業場を異にする場合においても、労働時間に関する規定の適用については通算する。」と規定されており、「事業場を異にする場合」とは事業主を異にする場合をも含む（労働基準局長通達（昭和 23 年 5 月 14 日付け基発第 769 号））とされている。

　労働者が事業主を異にする複数の事業場で労働する場合における労基法第 38 条第 1 項の規定の解釈・運用については、次のとおりである。

ア　労働時間の通算が必要となる場合

（ア）労働時間が通算される場合

　労働者が、事業主を異にする複数の事業場において、「労基法に定められた労働時間規制が適用される労働者」に該当する場合に、労基法第 38 条第 1 項の規定により、それらの複数の事業場における労働時間が通算される。

　次のいずれかに該当する場合は、その時間は通算されない。

・労基法が適用されない場合（例フリーランス、独立、起業、共同経営、アドバイザー、コンサルタント、顧問、理事、監事等）

・労基法は適用されるが労働時間規制が適用されない場合（農業・畜産業・養蚕業・水産業、管理監督者・機密事務取扱者、監視・断続的労働者、高度プロフェッショナル制度）

　なお、これらの場合においても、過労等により業務に支障を来さないようにする観点から、その者からの申告等により就業時間を把握すること等を通じて、就業時間が長時間にならないよう配慮することが望ましい。

（イ）通算して適用される規定

　法定労働時間（労基法第 32 条）について、その適用において自らの事業場における労働時間及び他の使用者の事業場における労働時間が通算される。

　時間外労働（労基法第 36 条）のうち、時間外労働と休日労働の合計で単月 100 時間未満、複数月平均 80 時間以内の要件（同

条第6項第2号及び第3号）については、労働者個人の実労働時間に着目し、当該個人を使用する使用者を規制するものであり、その適用において自らの事業場における労働時間及び他の使用者の事業場における労働時間が通算される。

　時間外労働の上限規制（労基法第36条第3項から第5項まで及び第6項（第2号及び第3号に係る部分に限る。））が適用除外（同条第11項）又は適用猶予（労基法第139条第2項、第140条第2項、第141条第4項若しくは第142条）される業務・事業についても、法定労働時間（労基法第32条）についてはその適用において自らの事業場における労働時間及び他の使用者の事業場における労働時間が通算される。

　なお、労働時間を通算して法定労働時間を超える場合には、長時間の時間外労働とならないようにすることが望ましい。

（ウ）通算されない規定

　時間外労働（労基法第36条）のうち、労基法第36条第1項の協定（以下「３６協定」という。）により延長できる時間の限度時間（同条第4項）、３６協定に特別条項を設ける場合の1年についての延長時間の上限（同条第5項）については、個々の事業場における３６協定の内容を規制するものであり、それぞれの事業場における延長時間を定めることとなる。

　また、３６協定において定める延長時間が事業場ごとの時間で定められていることから、それぞれの事業場における時間外労働が３６協定に定めた延長時間の範囲内であるか否かについては、自らの事業場における労働時間と他の使用者の事業場における労働時間とは通算されない。

　休憩（労基法第34条）、休日（労基法第35条）、年次有給休暇（労基法第39条）については、労働時間に関する規定ではなく、その適用において自らの事業場における労働時間及び他の使用者の事業場における労働時間は通算されない。

イ　副業・兼業の確認

（ア）副業・兼業の確認方法

　使用者は、労働者からの申告等により、副業・兼業の有無・内容を確認する。

　その方法としては、就業規則、労働契約等に副業・兼業に関す

る届出制を定め、既に雇い入れている労働者が新たに副業・兼業を開始する場合の届出や、新たに労働者を雇い入れる際の労働者からの副業・兼業についての届出に基づくこと等が考えられる。

　使用者は、副業・兼業に伴う労務管理を適切に行うため、届出制など副業・兼業の有無・内容を確認するための仕組みを設けておくことが望ましい。

（イ）労働者から確認する事項

　副業・兼業の内容として確認する事項としては、次のものが考えられる。

・他の使用者の事業場の事業内容
・他の使用者の事業場で労働者が従事する業務内容
・労働時間通算の対象となるか否かの確認

　労働時間通算の対象となる場合には、併せて次の事項について確認し、各々の使用者と労働者との間で合意しておくことが望ましい。

・他の使用者との労働契約の締結日、期間
・他の使用者の事業場での所定労働日、所定労働時間、始業・終業時刻
・他の使用者の事業場での所定外労働の有無、見込み時間数、最大時間数
・他の使用者の事業場における実労働時間等の報告の手続
・これらの事項について確認を行う頻度

ウ　労働時間の通算

（ア）基本的事項

　a　労働時間を通算管理する使用者

　　副業・兼業を行う労働者を使用する全ての使用者（ア（ア）において労働時間が通算されない場合として掲げられている業務等に係るものを除く。）は、労基法第38条第1項の規定により、それぞれ、自らの事業場における労働時間と他の使用者の事業場における労働時間とを通算して管理する必要がある。

　b　通算される労働時間

　　労基法第38条第1項の規定による労働時間の通算は、自らの事業場における労働時間と労働者からの申告等により把握した他の使用者の事業場における労働時間とを通算することに

　　　　よって行う。
　　c　基礎となる労働時間制度
　　　　労基法第38条第1項の規定による労働時間の通算は、自ら
　　　の事業場における労働時間制度を基に、労働者からの申告等に
　　　より把握した他の使用者の事業場における労働時間と通算する
　　　ことによって行う。
　　　　週の労働時間の起算日又は月の労働時間の起算日が、自らの
　　　事業場と他の使用者の事業場とで異なる場合についても、自ら
　　　の事業場の労働時間制度における起算日を基に、そこから起算
　　　した各期間における労働時間を通算する。
　　d　通算して時間外労働となる部分
　　　　自らの事業場における労働時間と他の使用者の事業場におけ
　　　る労働時間とを通算して、自らの事業場の労働時間制度におけ
　　　る法定労働時間を超える部分が、時間外労働となる。
（イ）副業・兼業の開始前（所定労働時間の通算）
　　a　所定労働時間の通算
　　　　副業・兼業の開始前に、自らの事業場における所定労働時間
　　　と他の使用者の事業場における所定労働時間とを通算して、自
　　　らの事業場の労働時間制度における法定労働時間を超える部分
　　　の有無を確認する。
　　b　通算して時間外労働となる部分
　　　　自らの事業場における所定労働時間と他の使用者の事業場に
　　　おける所定労働時間とを通算して、自らの事業場の労働時間制
　　　度における法定労働時間を超える部分がある場合は、時間的に
　　　後から労働契約を締結した使用者における当該超える部分が時
　　　間外労働となり、当該使用者における36協定で定めるところ
　　　によって行うこととなる。
　　c　所定労働時間の把握
　　　　他の使用者の事業場における所定労働時間は、イ（イ）のと
　　　おり、副業・兼業の確認の際に把握しておくことが考えられる。
（ウ）副業・兼業の開始後（所定外労働時間の通算）
　　a　所定外労働時間の通算
　　　　（イ）の所定労働時間の通算に加えて、副業・兼業の開始後に、
　　　自らの事業場における所定外労働時間と他の使用者の事業場に

おける所定外労働時間とを当該所定外労働が行われる順に通算
して、自らの事業場の労働時間制度における法定労働時間を超
える部分の有無を確認する。
※自らの事業場で所定外労働がない場合は、所定外労働時間の
　通算は不要である。
※自らの事業場で所定外労働があるが、他の使用者の事業場で
　所定外労働がない場合は、自らの事業場の所定外労働時間を
　通算すれば足りる。
b　通算して時間外労働となる部分
　　所定労働時間の通算に加えて、自らの事業場における所定外
　労働時間と他の使用者の事業場における所定外労働時間とを当
　該所定外労働が行われる順に通算して、自らの事業場の労働時
　間制度における法定労働時間を超える部分がある場合は、当該
　超える部分が時間外労働となる。
　　各々の使用者は、通算して時間外労働となる時間のうち、自
　らの事業場において労働させる時間については、自らの事業場
　における３６協定の延長時間の範囲内とする必要がある。
　　各々の使用者は、通算して時間外労働となる時間（他の使用
　者の事業場における労働時間を含む。）によって、時間外労働
　と休日労働の合計で単月 100 時間未満、複数月平均 80 時間以
　内の要件（労基法第 36 条第 6 項第 2 号及び第 3 号）を遵守す
　るよう、1 か月単位で労働時間を通算管理する必要がある。
c　所定外労働時間の把握
　　他の使用者の事業場における実労働時間は、ウ（ア）b のと
　おり、労働者からの申告等により把握する。
　　他の使用者の事業場における実労働時間は、労基法を遵守す
　るために把握する必要があるが、把握の方法としては、必ずし
　も日々把握する必要はなく、労基法を遵守するために必要な頻
　度で把握すれば足りる。
　　例えば、時間外労働の上限規制の遵守等に支障がない限り、
・一定の日数分をまとめて申告等させる
　（例：一週間分を週末に申告する等）
・所定労働時間どおり労働した場合には申告等は求めず、実労
　働時間が所定労働時間どおりではなかった場合のみ申告等さ

せる

（例：所定外労働があった場合等）

・時間外労働の上限規制の水準に近づいてきた場合に申告等させる

などとすることが考えられる。

（エ）その他

労働者が事業主を異にする３以上の事業場で労働する場合についても、上記に記載したところにより、副業・兼業の確認、副業・兼業開始前の所定労働時間の通算、副業・兼業開始後の所定外労働時間の通算を行う。

エ　時間外労働の割増賃金の取扱い

（ア）割増賃金の支払義務

各々の使用者は、自らの事業場における労働時間制度を基に、他の使用者の事業場における所定労働時間・所定外労働時間についての労働者からの申告等により、

・まず労働契約の締結の先後の順に所定労働時間を通算し、

・次に所定外労働の発生順に所定外労働時間を通算することによって、

それぞれの事業場での所定労働時間・所定外労働時間を通算した労働時間を把握し、その労働時間について、自らの事業場の労働時間制度における法定労働時間を超える部分のうち、自ら労働させた時間について、時間外労働の割増賃金（労基法第 37 条第 1 項）を支払う必要がある。

（イ）割増賃金率

時間外労働の割増賃金の率は、自らの事業場における就業規則等で定められた率（２割５分以上の率。ただし、所定外労働の発生順によって所定外労働時間を通算して、自らの事業場の労働時間制度における法定労働時間を超える部分が 1 か月について 60 時間を超えた場合には、その超えた時間の労働のうち自ら労働させた時間については、５割以上の率。）となる（労基法第 37 条第 1 項）。

オ　簡便な労働時間管理の方法

（ア）趣旨

副業・兼業の場合の労働時間管理の在り方については上記のと

おりであるが、例えば、副業・兼業の日数が多い場合や、自らの
事業場及び他の使用者の事業場の双方において所定外労働がある
場合等においては、労働時間の申告等や通算管理において、労使
双方に手続上の負担が伴うことが考えられる。

　このため、副業・兼業の場合の労働時間管理の在り方について、
上記によることのほかに、労働時間の申告等や通算管理における
労使双方の手続上の負担を軽減し、労基法に定める最低労働条件
が遵守されやすくなる簡便な労働時間管理の方法（以下「管理モ
デル」という。）として、以下の方法によることが考えられる。
（イ）管理モデルの枠組み
　　管理モデルは、副業・兼業の開始前に、当該副業・兼業を行う
　労働者と時間的に先に労働契約を締結していた使用者（以下「使
　用者A」という。）の事業場における法定外労働時間と時間的に
　後から労働契約を締結した使用者（以下「使用者B」という。）
　の事業場における労働時間（所定労働時間及び所定外労働時間）
　とを合計した時間数が単月100時間未満、複数月平均80時間以
　内となる範囲内において、各々の使用者の事業場における労働時
　間の上限をそれぞれ設定し、各々の使用者がそれぞれその範囲内
　で労働させることとするものであること。また、使用者Aは自ら
　の事業場における法定外労働時間の労働について、使用者Bは自
　らの事業場における労働時間の労働について、それぞれ自らの事
　業場における３６協定の延長時間の範囲内とし、割増賃金を支払
　うこととするものであること。
　　これにより、使用者A及び使用者Bは、副業・兼業の開始後に
　おいては、それぞれあらかじめ設定した労働時間の範囲内で労働
　させる限り、他の使用者の事業場における実労働時間の把握を要
　することなく労基法を遵守することが可能となるものであるこ
　と。
（ウ）管理モデルの実施
　a　導入手順
　　　副業・兼業に関する企業の事例において、労務管理上の便宜
　　や労働者の健康確保等のため、副業・兼業の開始前に、あらか
　　じめ使用者が他の使用者の事業場における労働時間や通算した
　　労働時間について上限を設定し、労働者にその範囲内で副業・

兼業を行うことを求めている事例がみられる。

　　管理モデルについても、一般的には、副業・兼業を行おうと
する労働者に対して使用者Aが管理モデルにより副業・兼業を
行うことを求め、労働者及び労働者を通じて使用者Bがこれに
応じることによって導入されることが想定される。

　b　労働時間の上限の設定

　　使用者Aの事業場における1か月の法定外労働時間と使用者
Bの事業場における1か月の労働時間とを合計した時間数が単
月100時間未満、複数月平均80時間以内となる範囲内におい
て、各々の使用者の事業場における労働時間の上限をそれぞれ
設定する。

　　月の労働時間の起算日が、使用者Aの事業場と使用者Bの事
業場とで異なる場合には、各々の使用者は、各々の事業場の労
働時間制度における起算日を基に、そこから起算した1か月に
おける労働時間の上限をそれぞれ設定することとして差し支え
ない。

　c　時間外労働の割増賃金の取扱い

　　使用者Aは自らの事業場における法定外労働時間の労働につ
いて、使用者Bは自らの事業場における労働時間の労働につい
て、それぞれ割増賃金を支払う。

　　使用者Aが、法定外労働時間に加え、所定外労働時間につい
ても割増賃金を支払うこととしている場合には、使用者Aは、
自らの事業場における所定外労働時間の労働について割増賃金
を支払うこととなる。

　　時間外労働の割増賃金の率は、自らの事業場における就業規
則等で定められた率（2割5分以上の率。ただし、使用者Aの
事業場における法定外労働時間の上限に使用者Bの事業場にお
ける労働時間を通算して、自らの事業場の労働時間制度におけ
る法定労働時間を超える部分が1か月について60時間を超え
た場合には、その超えた時間の労働のうち自らの事業場におい
て労働させた時間については、5割以上の率。）とする。

（エ）その他

　a　管理モデルの導入の際の労働時間の上限の設定において、使
用者Aの事業場における1か月の法定外労働時間と使用者Bの

事業場における1か月の労働時間とを合計した時間数を80時間を超えるものとした場合には、翌月以降において複数月平均80時間未満となるように労働時間の上限の設定を調整する必要が生じ得る。

このため、労働時間の申告等や通算管理における労使双方の手続上の負担を軽減し、労基法に定める最低労働条件が遵守されやすくするという管理モデルの趣旨に鑑み、そのような労働時間を調整する必要が生じないように、各々の使用者と労働者との合意により労働時間の上限を設定することが望ましい。

b　管理モデルの導入後に、使用者Aにおいて導入時に設定した労働時間の上限を変更する必要が生じた場合には、あらかじめ労働者を通じて使用者Bに通知し、必要に応じて使用者Bにおいて設定した労働時間の上限を変更し、これを変更することは可能である。なお、変更を円滑に行うことができるよう、あらかじめ、変更があり得る旨を留保しておくことが望ましい。

c　労働者が事業主を異にする3以上の事業場で労働する場合についても、使用者Aの事業場における法定外労働時間、使用者Bの事業場における労働時間、更に時間的に後から労働契約を締結した使用者C等の事業場における労働時間について、各々の使用者の事業場における労働時間の上限をそれぞれ設定し、各々の使用者がそれぞれその範囲内で労働させ、使用者Aは自らの事業場における法定外労働時間の労働について、使用者B及び使用者C等は自らの事業場における労働時間の労働について、それぞれ割増賃金を支払うことにより、管理モデルの導入が可能である。

d　管理モデルを導入した使用者が、あらかじめ設定した労働時間の範囲を逸脱して労働させたことによって、時間外労働の上限規制を超える等の労基法に抵触した状態が発生した場合には、当該逸脱して労働させた使用者が、労働時間通算に関する法違反を問われ得ることとなる。

（3）健康管理

使用者は、労働者が副業・兼業をしているかにかかわらず、労働安全衛生法第66条等に基づき、健康診断、長時間労働者に対する面接指導、ストレスチェックやこれらの結果に基づく事後措置等（以下「健

康確保措置」という。）を実施しなければならない。

　また、健康確保の観点からも他の事業場における労働時間と通算して適用される労基法の時間外労働の上限規制を遵守すること、また、それを超えない範囲内で自らの事業場及び他の使用者の事業場のそれぞれにおける労働時間の上限を設定する形で副業・兼業を認めている場合においては、自らの事業場における上限を超えて労働させないこと。

　（中略）

ア　健康確保措置の対象者

　健康確保措置の実施対象者の選定に当たって、副業・兼業先における労働時間の通算をすることとはされていない。

　ただし、使用者の指示により当該副業・兼業を開始した場合は、当該使用者は、原則として、副業・兼業先の使用者との情報交換により、それが難しい場合は、労働者からの申告により把握し、自らの事業場における労働時間と通算した労働時間に基づき、健康確保措置を実施することが適当である。

イ　健康確保措置等の円滑な実施についての留意点

　使用者が労働者の副業・兼業を認めている場合は、健康保持のため自己管理を行うよう指示し、心身の不調があれば都度相談を受けることを伝えること、副業・兼業の状況も踏まえ必要に応じ法律を超える健康確保措置を実施することなど、労使の話し合い等を通じ、副業・兼業を行う者の健康確保に資する措置を実施することが適当である。また、副業・兼業を行う者の長時間労働や不規則な労働による健康障害を防止する観点から、働き過ぎにならないよう、例えば、自社での労務と副業・兼業先での労務との兼ね合いの中で、時間外・休日労働の免除や抑制等を行うなど、それぞれの事業場において適切な措置を講じることができるよう、労使で話し合うことが適当である。

　さらに、使用者の指示により当該副業・兼業を開始した場合は、実効ある健康確保措置を実施する観点から、他の使用者との間で、労働の状況等の情報交換を行い、それに応じた健康確保措置の内容に関する協議を行うことが適当である。

　（中略）

5　副業・兼業に関わるその他の制度について

（1）労災保険の給付（休業補償、障害補償、遺族補償等）

　事業主は、労働者が副業・兼業をしているかにかかわらず、労働者を1人でも雇用していれば、労災保険の加入手続を行う必要がある。

　労災保険制度は労基法における個別の事業主の災害補償責任を担保するものであるため、従来その給付額については、災害が発生した就業先の賃金分のみに基づき算定していたが、複数就業している者が増えている実状を踏まえ、複数就業者が安心して働くことができるような環境を整備するため、「雇用保険法等の一部を改正する法律」（令和2年法律第14号）により、非災害発生事業場の賃金額も合算して労災保険給付を算定することとしたほか、複数就業者の就業先の業務上の負荷を総合的に評価して労災認定を行うこととした。

　なお、労働者が、自社、副業・兼業先の両方で雇用されている場合、一の就業先から他の就業先への移動時に起こった災害については、通勤災害として労災保険給付の対象となる。

　（注）事業場間の移動は、当該移動の終点たる事業場において労務の提供を行うために行われる通勤であると考えられ、当該移動の間に起こった災害に関する保険関係の処理については、終点たる事業場の保険関係で行うものとしている。（労働基準局長通達（平成18年3月31日付け基発第0331042号））

（2）雇用保険、厚生年金保険、健康保険

　雇用保険制度において、労働者が雇用される事業は、その業種、規模等を問わず、全て適用事業（農林水産の個人事業のうち常時5人以上の労働者を雇用する事業以外の事業については、暫定任意適用事業）である。このため、適用事業所の事業主は、雇用する労働者について雇用保険の加入手続きを行わなければならない。ただし、同一の事業主の下で、①1週間の所定労働時間が20時間未満である者、②継続して31日以上雇用されることが見込まれない者については被保険者とならない（適用除外）。また、同時に複数の事業主に雇用されている者が、それぞれの雇用関係において被保険者要件を満たす場合、その者が生計を維持するに必要な主たる賃金を受ける雇用関係についてのみ被保険者となるが、「雇用保険法等の一部を改正する法律」（令和2年法律第14号）により、令和4年1月より65歳以上の労働者本人の申出を起点として、一の雇用関係では被保険者要件を満たさない場合であっても、二の事業所の労働時間を合算して雇用保険を適用す

る制度が試行的に開始される。

　社会保険（厚生年金保険及び健康保険）の適用要件は、事業所毎に判断するため、複数の雇用関係に基づき複数の事業所で勤務する者が、いずれの事業所においても適用要件を満たさない場合、労働時間等を合算して適用要件を満たしたとしても、適用されない。また、同時に複数の事業所で就労している者が、それぞれの事業所で被保険者要件を満たす場合、被保険者は、いずれかの事業所の管轄の年金事務所及び医療保険者を選択し、当該選択された年金事務所及び医療保険者において各事業所の報酬月額を合算して、標準報酬月額を算定し、保険料を決定する。その上で、各事業主は、被保険者に支払う報酬の額により按分した保険料を、選択した年金事務所に納付（健康保険の場合は、選択した医療保険者等に納付）することとなる。

著者紹介

＜株式会社わらじ ee（わらじー）＞

佐保田　藍（代表取締役 特定社会保険労務士）

小鷹　寛美（代表取締役）

みらいコンサルティングのグループ企業。市場や働き方の価値観が変化する中、これからの新しい働き方として「ふく業」を企業へ推進するため、2020 年設立。ふく業制度導入のための設計から運用まで総合支援を行う。

＜みらいコンサルティンググループ＞

森田　穣治（上席執行役員 特定社会保険労務士）

阿部　俊彦（執行役員 特定社会保険労務士）

吉田　爵宏（社会保険労務士）

今井　礼子（特定社会保険労務士）

吉川　那央（社会保険労務士）

1987 年監査法人の直系会社として設立。2007 年に監査法人から独立。

設立以来、中堅・中小企業への支援をメインとした「総合・実行支援型コンサルティングファーム」として、人事・労務・会計・税務、経営改善・成長戦略、IPO、企業再生、国際税務、企業再編、M&A など多様なコンサルティング業務に取り組む。また、近年においては、DX・BPR、新規事業創造、地域創生、SDGs といった最新の経営テーマにおいても、積極的に提供価値を高めている。

経営課題を抱えるお客さまと中長期的な関わりを持ち、企業全体の視点で「実行支援」まで、課題解決に貢献することが大きな特徴。

社会保険労務士、公認会計士、税理士、中小企業診断士、司法書士などの有資格者を中心に金融機関、事業会社出身者を含め各分野のプロフェッショナル数は約 300 名。

サービス・インフォメーション
━━━━━━━━━━━━━━━━ 通話無料 ━━━
①商品に関するご照会・お申込みのご依頼
　　　　　TEL 0120(203)694／FAX 0120(302)640
②ご住所・ご名義等各種変更のご連絡
　　　　　TEL 0120(203)696／FAX 0120(202)974
③請求・お支払いに関するご照会・ご要望
　　　　　TEL 0120(203)695／FAX 0120(202)973

●フリーダイヤル（TEL）の受付時間は、土・日・祝日を除く
　9：00～17：30です。
●FAXは24時間受け付けておりますので、あわせてご利用ください。

**事例でわかる　人事労務担当者が知っておくべき
副業・兼業対応の実務**

2022年2月15日　初版発行

著　者　　　佐保田 藍　小鷹 寛美　森田 穣治　阿部 俊彦
　　　　　　吉田 爵宏　今井 礼子　吉川 那央

発行者　　　田 中 英 弥

発行所　　　第一法規株式会社
　　　　　　〒107-8560　東京都港区南青山2-11-17
　　　　　　ホームページ　https://www.daiichihoki.co.jp/

人事副業事例　ISBN 978-4-474-07698-3　C2032 (4)